JN070916

障害福祉従事者のための

# 相談支援実務Q&A

監修

日本相談支援専門員協会

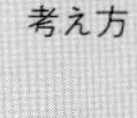

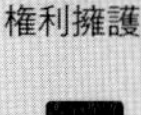

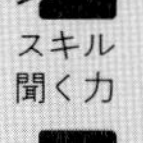

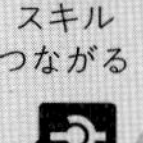

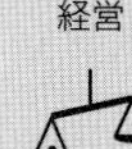


中央法規

# はじめに

「相談支援の実務で悩んだことはありませんか？」

たくさんの仲間や上司がいる環境であれば、その悩みを相談することもできるでしょう。しかし、そうではない環境にある相談支援専門員も多くいると思います。

本書は、そのような悩める相談支援専門員や、これからサービス管理責任者や児童発達支援管理責任者となって、相談支援専門員と連携が必要になる障害者福祉サービスの担い手の皆さんに向けて制作しました。

平成９年に療育等支援事業が開始し、相談支援専門員（当時はコーディネーター）が誕生してから、25年以上が経ちました。この間、日本社会は長期的な経済の低迷や大きな自然災害、新型コロナウイルスの蔓延、働き方改革など、社会保障に求められているものが大きく変わってきたと実感させられています。障害者へのサービス提供の要として制度上位置づけられているため、相談支援専門員に対する期待は、年々大きくなるばかりです。そのため相談支援専門員の養成は急務であり、また、量だけではなく質も伴った養成が求められています。

たとえ、大きな災害があろうとも、新型のウイルスが猛威を振るおうとも、人々の生活は止まることなく続いていきます。そうした人たちの日々の暮らしを守るために、相談支援専門員やサービス管理責任者、児童発達支援管理責任者は、毎日のように連携しながら、障害者の生活を支えていることでしょう。

それゆえに、問題や悩みは尽きませんし、人が人を支援するという、絶対の正解はない仕事に真摯に向き合いながら、利用者にとってのよりよい道を進んでいこうと常に探究しているように思います。さらにいえば、相談支援専門員の実務には、相談者への権利擁護支援やニーズを中心としたサービス提供、法令遵守などの普遍的な側面もあれば、法律や制度の改正、適正なサービス調整など状況に応じて判断を変える側面もあります。これらの実務は、非常に高い専門性が求められ、そうした専門性の向上にも余念がないことと思われます。

本書は、そんな相談支援専門員の皆さんに向けて、多岐にわたる相談支援の実務を具体的なＱ＆Ａに示し、日々の活動のヒントとしてもらえるように構成しています。相談支援事業の実務は非常に多岐にわたりますので、本書では、実務のなかで判断に迷う内容から一定の事務的な手続きで対応できる内容まで、まとめて解説しています。

第１章では、計画相談支援における具体的な実務を扱い、第２章では請求業務などの事務を、第３章では運営や管理について扱っています。さらに第４章では、困ったときに頼れる関係機関や団体について紹介しました。「あれ？」って思うとき、「どうしよう」と悩んだときに本書をサッと開いて役立てていただければ幸いです。

相談支援業務は予期せぬことが起こりますし、同じ事象でも一人ひとりの支援方法が違うことはごく当たり前です。だからこそ、相談支援専門員は人として自立し、自分の個性を大事にしながら業務にあたることが大切だと思います。マニュアルによる画一的な働き方ではなく、料亭の板前さんのように「洗いもの」から始まり、「追廻」「煮物」「焼き」「揚げ」等々少しずつ成長していくモデルをイメージしています。そして、いつかは暖簾わけされて独立し、人材育成をする側になっていくことで、さらに成長を続けてほしいと願っています。

これからも、自分自身の個性を大事にしながら、他人も大事にすることができる、個性豊かな資質をもった相談支援専門員がたくさん輩出されることを期待しつつ、本書が、そのような人々に長く愛読され、実践への参考としてもらえることを願っております。

最後に、本書を発刊するにあたり協力いただいた中央法規出版編集担当の中村強氏ならびに、日本相談支援専門員協会の役員・政策委員の皆さんに心より感謝を申し上げます。

令和４年５月

日本相談支援専門員協会
代表理事　**菊本圭一**

はじめに

第1章 計画相談支援 実務編

目次

## 1 インテーク

## 2 アセスメント

## 3 サービス等利用計画・障害児支援利用計画作成

## 4 サービス担当者会議・多職種連携

## 5 モニタリング



## 6 地域づくりへの参画

# 第2章 計画相談支援事務編

## 1 利用契約



## 2 請求業務

## 3 記録業務



## 4 関連制度の知識

# 第3章 運営・管理・報酬編

## 1 運営基準



## 2 管理業務

3 報酬



4 スキルアップ・自己研鑽



5 その他

第4章

# 知っておきたい関係機関・団体

### ▼凡例

本書では、以下のとおり記載する。

**「サービス等利用計画・障害児支援利用計画」→「計画」**

※それぞれを指す場合は、「サービス等利用計画」、「障害児支援利用計画」と表記

**「サービス担当者会議」→「担当者会議」**

**「直B利用」**→本書における独自の表記で、就労未経験者(50歳以上の者や障害基礎年金1級受給者を除く)が直接、就労継続支援B型事業を利用することの意。

## 本書で使用しているアイコン

本書では、QAの内容を下記の12分野に分類している。それぞれのQAの分野は、本文中のQAにアイコンを付して示している。

### ▼アイコンの種類

**知識**……………… 押さえておきたい知識

**価値**……………… 支援者・人としての価値観

**考え方**…………… こう考えてみてはどうかという提案

**権利擁護**………… 人権やその他の権利

**スキル面接力**…… 面接技術

**スキル情報収集**… アセスメント力(情報収集)

**スキル聞く力**…… 聞く(聴く)技術

**スキルつながる**… 多職種連携

**スキルつなげる**…社会資源の活用

**ルール**

**運営 経営**

**見立て 手立て** …アセスメント力やプランニング

# 第1章 計画相談支援実務編

# 1 インテーク

## Q1 インテークのポイント

**インテークの場面で押さえておくポイントを教えてほしい。**

**A 最初が肝心！**
**インテークは重要な出会いの場面。**

インテークはケアマネジメントにおける最初の重要な入口、出会いの場面です。相談支援の始まりはさまざまですが、利用者本人や家族が勇気を出して一歩を踏み出し相談に来てくれたことをまず受容し、歓迎しましょう。最初のインテーク時の心がけがその後の本人との信頼関係の構築にとってとても重要です。そのために、安心して相談をしてもらえるように話しやすい雰囲気づくりや環境を整えることが必要です。例えば、話を聞く際の座る位置は正面ではなく、斜めや横並びが緊張感を軽くします。また、個人情報が守られるよう個室等で対応することに加え、本人に相談内容や個人情報はしっかり守られることを伝えることが必要です。

さらに、最初に伝えることとして、「話したくないことは話さなくてもいいこと」「メモを取らせてもらう場合には、本人の了解を得る」など、一つひとつの行動に配慮を忘れないようにしましょう。そのような本人との関係性の構築が重要であることを前提として、インテークでは**受理の判断**※が求められます。本人の主訴や想いを明確に知り、どんな内容のサービスが必要か、その提供ができるかどうかについての判断が必要です。そのためにも一方的に話を聞くようなかかわりではなく、意図をもって場面を構築し、傾聴し、話の要点や課題を整理し、一緒に向かうゴールを共有することが求められます。その第一歩となるインテークの場面での相談面接のスキルが重要です。継続的なスキルアップに努めましょう。

※　日本相談支援専門員協会監、小澤温編『障害者相談支援従事者研修テキスト 初任者研修編』中央法規出版、2020.

## 相談支援専門員の役割の説明

## 自分の役割を本人や家族にどのように説明したら理解してもらえるか？

### 計画作成が主たる役割ではないことを念頭に置く。

利用者本人が置かれている状況やタイミングによって説明の仕方には工夫が必要ですが、まずは本人のこれからの人生がより自分らしく豊かなものになるよう一緒に考えたり、お手伝いをしたりするのが役割であることを伝えましょう。

そのうえで、障害福祉サービスを利用するためには「計画」が必要であり、その計画書を作成するのが相談支援専門員であると伝える必要があります。しかし、それが主たる役割ではなく、本人が生活を送るうえで困ったことや心配なことがあれば、計画作成に直接関係のないことでも、遠慮なく相談してよいことを伝えましょう。

また、相談支援専門員だけでは解決できないことについては、ほかの関係機関の人たちの力を借り、さまざまな職種の人たちとチーム（応援団）としてかかわらせてもらうこと、そして何より、本人の力を信じて、一緒にこれからのことを考えていく存在である、と伝えるといいでしょう。

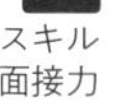

## Q3 話しやすい雰囲気

### 利用者や家族の緊張が強く、聞き取りがスムーズにいかないとき、何か工夫できることがあったら教えてほしい。

**A 雑談や世間話で緊張をほぐし、柔らかい声のトーンや笑顔を意識する。**

インテークは出会いの場ですので、最初からいろいろと聞き取ろうとしないことが大切です。利用者本人も家族も初めて会う人に何をどこまで話せばいいのか躊躇されていることもありますので、まずは世間話などから入り、自分が何者であって、緊張するような相手ではないことをわかってもらうようにしましょう。とはいえ、自分の話ばかりするのではなく、相手の好きなことや関心の高いことを話題にするとよいでしょう。自宅であれば飾ってある写真や置いてある雑誌などを話題にしてみてもよいと思います。そのような雑談をすることで、徐々に緊張感が緩和され少しずつ話をしてくれる場合もありますが、どうしても話が進まないようなときには無理をせずに、次回の訪問時にどのような話ができるといいかを伝え、その場は終了することも選択の一つです。その際には、次回の約束の日時を決めることを忘れないようにしましょう。

## Q4 利用者本人より家族が困っている場合

### 家族の困り感が強く、本人より家族が話してばかりの場合はどのように対応したらよいか？

**家族の話を聞きながらも、本人中心を意識する。**

家族の困りごとを聞くことも大切ですが、**あくまでも本人中心**ということを忘れないようにしましょう。特に本人が同席している場合においては、本人に寄り添う姿勢が必要です。しかし、家族の話を遮って、本人の話を聞くことは難しいため、その際にはいったんは、家族からの話を聞くことに専念し、そのなかでも本人に話をふってみたり、本人の意向を確認してみたりしながら話を進めるといいでしょう。また、家族の話を聞きながら、本人が家族のなかでどういう存在で、家族の誰がどんな話をすると、本人はどういった表情をするかなど様子をうかがうことも大切です。そして、本人がどう感じているかということを聞くために、改めて、本人とだけ話をする機会を設けることを提案し、本人が希望した場合、次回会う約束をすることが望ましいでしょう。

## Q5 サービス利用を急いでいるとき

## 「とにかく早くサービスを利用したい」と手続きを急いでいる利用者にどのように対応したらよいのか？

### A 急いでいる理由を最優先で確認。

まず初めに「早くサービスを利用したい」という理由がどこにあるのかを確認することが重要です。緊急性の高い場合であれば、サービスを利用する以前に解決すべき課題があるかもしれません。また、「早く利用したい」といったところに利用者本人の想いが隠れていることもあるため、丁寧な聞き取りが必要です。一方でとにかく早くサービスを利用したい気持ちを受容しながらも、サービス利用に至るまでには一定の手続きが必要で、ある程度の時間を要することをわかりやすく順を追って説明し、納得をしてもらうことが必要となります。申請から利用までの今後の流れについて本人に理解してもらえるように視覚的に示し、「今はここ」であること、今後どのくらいの時間がかかるのかを説明します。このような説明はたとえサービスの利用を急いでいない場合であっても、**誰に対しても必要なプロセス**になります。

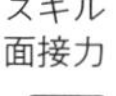

# Q6 すでにサービスや事業所を決めている場合

## 初回の相談の際、すでに利用したいサービスの種類や事業所を利用者本人が決めている場合はどのように対応したらよいか？

**A 事業所につながっている場合、つながっていない場合で異なる。**

どのようなプロセスを経て利用したいサービスを決め、どのように事業所を探したのか、なぜその事業所に決めたのかをまず聞き取ることが重要です。また、すでに事業所を決めている場合、事業所の担当者とのやりとりが始まっている場合もあります。その際には担当者の名前、連絡先を聞き、こちらから連絡をしてもよいか本人に確認をしましょう。まだ、事業所とつながっていない場合は、本人の自己決定を尊重することは重要ですが､それを踏まえたうえで、改めて本人のニーズや想いを丁寧に聞き取り、もしも、他の選択肢が提案できる場合には新たな選択肢を提案してみることも一つでしょう。

# Q7 基幹相談支援センター等がかかわっているケース

## 基幹相談支援センターや委託相談支援事業所の相談員がすでにかかわっている場合の進め方を教えてほしい。

**A 引き続きつながっていてもらう。**

基幹相談支援センター等からの依頼を受けてケースを引き継ぐような場合においては、事前に情報の共有を求めること、今後のかかわり方についてアドバイスをしてもらえる体制を整えておくことが重要です。また、初回の訪問時には同席をしてもらい、元々かかわりがあって関係がとれている職員から自分が何者であるかを紹介してもらうとスムーズでしょう。また、元々は困難なケースであり、導入時は基幹相談支援センター等がかかわっていたが、現在は落ち着いているため、引き継ぐことになった場合においても、利用者本人や周りの状況によっては、困難事例へと変化することもあるため、そのことも考慮してかかわる必要があります。また、逆に初回の相談において、指定の相談支援事業所だけでは負担が大きいと感じるケースに関しては基幹相談支援センターに相談し、導入時のかかわりをお願いしたり、訪問に同席を求めたり、助言をしてもらうことも可能です。

## Q8 コミュニケーションが難しい場合

### 言葉によるコミュニケーションが難しい方への対応の仕方を教えてほしい。

### A その人に合った方法をあきらめずに探し求める。

言葉でのコミュニケーションが難しいというのは、さまざまな状況があります。こちらの話していることを理解しているが、反応や返答がない場合、こちらが利用者本人の発している言葉を聞き取れない場合等、いずれも何を介して理解を得られるのか、一人ひとり違うため、その人に合った方法を見つけていくことが望ましいでしょう。最初から難しいと決めつけてあきらめることなく、試行錯誤をし続けてその人との共通のコミュニケーションツールを見つけることが必要です。文字や絵カードでのやりとりをする等の視覚的なサポートが有効であったり、緊張の高まりによる心理的な問題でコミュニケーションが取れない場合においてはメールやFAXでのやりとりも有効です。また、家族や友人など、本人を昔から知る人やかかわりの深い人に相談をし、より本人にとって望ましいコミュニケーションの方法について情報が得られる場合もあります。その際には、本人の意向を確認しながら、活用するようにしましょう。

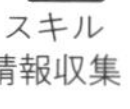

## Q9 主訴が不明確な場合

### 何に困っているのか、何を希望しているのかが不明確な場合、どのように進めていけばよいか？

### A 支援を組み立てることを一度、脇に置いてみる。

利用者本人が明確に何かに困っている、と伝えることができなくても、何もないなかで相談に訪れることはありません。誰かと話がしたい、話を聞いてほしい、という気持ちだけでも、十分に相談につながる理由になります。本人が何に困っているのか、主訴を確定し、支援を組み立て、障害福祉サービスにつなげることだけが相談支援専門員の役割ではありません。支援を組み立てることは一度脇に置いて、本人との関係づくりのために、ただただ本人の話を聞く（傾聴に徹する）ことが重要です。こうした場合には、無理に主訴を聞き出そうとせずに、**本人が次の一歩を踏み出すための準備期間**として捉えて、寄り添うように努めましょう。

## Q10 他機関へのリファー（つなぎ）

### 聞き取りのなかで虐待や健康面、家族の介護など、他機関での対応が適当と判断した際、どのようにつなぎ、どのようにかかわればよいか？

### A 相談先が増えたと認識してもらう。

他機関につないだほうが適切だと思われるケースである場合、緊急性が高いかどうか、利用者本人がその状況をどのように捉えているかを確認したうえで、丁寧につなぐ必要があります。なぜなら、目の前にいる本人はやっとの想いで相談支援事業所に相談することができ、ようやくつながったと安堵のなかにある可能性もあります。やっと相談できたと思ったら、別の機関に回された、という想いをされないように配慮しましょう。そのために、つなぎ先の関係機関に同行をし、繰り返し本人が同じ話をしなくてもすむように同意を得たうえで、事前に情報を提供するのが望ましいでしょう。また、その後も引き続き相談をしてもいいですよ、というメッセージを伝えることで、たらい回しにされたのではなく、本人にとって相談先が増えたという印象をもってもらうことが重要です。

## Q11 関係機関等から相談を受けた場合

### 地域の方や関係機関から「○○さんの「計画」を作成してもらえないか」と相談が入った場合は、どのように対応すればよいか？

### A すでにかかわっている関係者との情報共有から。

「計画」の作成の依頼ということであれば､利用者本人はすでに何かしらのサービスを利用するということで話が進んでいるわけですから、まずは本人の意向や現状を知るために直接本人に会いたい旨を伝えましょう。その際には計画作成の依頼元である関係機関から本人へ連絡をとってもらい、初回の面談には同席をしていただくなど、本人が一番緊張感なく話ができるように場を設定することが望ましいでしょう。また、関係機関がすでに把握している本人の情報に関して共有をする場合には、事前に本人の了解を得る必要があります。また、これまでかかわっていた関係機関の方たちも本人をともに支えるチームの一員として相談相手になってもらえるようにお願いしておくことも大切なことです。

## Q12 視覚障害者への支援

### 視覚障害者への相談対応で、留意点や有効な対応方法があれば教えてほしい。

### A 利用者本人の得意なコミュニケーションをともに探す。

同じ視覚障害であっても、全盲、弱視等で対応の方法が変わります。弱視の人の場合、拡大鏡を使用すれば書類を確認したり、書類に記入をしたりすることがができる場合もあります。その際には大きめの文字で表記をし、ゆっくりと確認をしながら説明することが

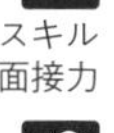

望ましいでしょう。また、署名が必要な書類には、署名欄を大きくするなど、本人が見やすいような工夫をします。情報提供をするための文書はあらかじめ、拡大コピーをして持参しておくとよいでしょう。

また、視覚障害のある利用者が必ず点字が読めるとは限りませんが、本人が希望すれば、点字を学ぶことから始めることも必要です。本人の得意なコミュニケーションが何かを一緒に見つけていくことも相談支援専門員の役割だといえます。そのために、各地域でのさまざまな取り組みについて情報を入手したり、研修会に参加して支援のヒントを得ることも重要です。また、視覚障害者の意思疎通支援事業「代読・代筆」支援については、**地域生活支援事業**の都道府県および市町村必須事業として、地域の実情や利用者のニーズに応じた事業実施ができることとなっています。

**図1-1　地域生活支援事業**

市町村

地域生活支援事業

- 理解促進研修・啓発
- 自発的活動支援
- 相談支援
- 成年後見制度利用支援
- 成年後見制度法人後見支援
- 意思疎通支援
- 日常生活用具の給付または貸与
- 手話奉仕員養成研修
- 移動支援
- 地域活動支援センター
- 福祉ホーム
- その他の日常生活または社会生活支援

支援

都道府県

地域生活支援事業

- 専門性の高い相談支援
- 広域的な対応が必要な事業
- 人材育成
- 専門性の高い意思疎通支援を行う者の養成・派遣
- 意思疎通支援を行う者の広域的な連絡調整、派遣調整 等

## Q13

**聴覚障害者への支援**

**聴覚障害者への相談対応で口話法を用いて対応していたが、十分な意思伝達ができていないと感じる。手話もできないので困っている。何かいい方法があれば教えてほしい。**

### 利用者本人が望むコミュニケーション方法を探る。

マスク着用時には読唇術は難しいため、口話法ではタイムリーな意思伝達ができないことにもどかしさを感じていることでしょう。手話以外のコミュニケーションツールとして、筆談がありますが、紙に書くだけでなくホワイトボードを使用することも望ましいでしょう。ホワイトボードであれば書いて消すことができますし、大きめのボードであるとスムーズに本人とやりとりが可能です。

聴覚障害のある利用者が必ず手話でコミュニケーションをとるとは限りませんが、本人がどうすれば一番安心してコミュニケーションをとることができるかを一緒に考え、よりよい方法を見つけることが望ましいでしょう。今時はスマートフォンのアプリにもコミュニケーションを支援してくれるものがありますので、本人の状況に応じて活用してみましょう。

また、こちらの意図が正しく伝わっているかを確認しながら話を進めることが大切です。もしも、本人が手話でのコミュニケーションを希望した場合には自分自身がスキルを身につける努力をすることも重要ですが、自分では難しいと判断した場合は手話通訳者を派遣してもらうのも一つの方法です。なお、聴覚障害者の意思疎通支援事業「代読・代筆」支援については、Q12と同様です。他の地域でどのような実践がされているかを知り、自分自身の実践に活かしていくことも大切でしょう。

知識

価値

考え方

権利擁護

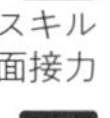
スキル
面接力

スキル
情報収集

スキル
聞く力

スキル
つながる
スキル
つなげる

ルール

運営
経営

見立て
手立て

## Q14 高次脳機能障害者への支援

### 高次脳機能障害者への相談対応で留意点や有効な対応方法があれば教えてほしい。

### A 高次脳機能障害支援コーディネーターをチームの一員に。

高次脳機能障害のある利用者の初回相談の多くは、家族からの相談です。身体的な機能が回復して元の生活に戻れると思った矢先に異変を感じ、高次脳機能障害と診断をされて障害福祉の相談窓口につながってきた家族はとても大きな心労を抱えている場合があります。まずは、これまでの苦労や利用者本人への想いをしっかり受容しましょう。そして、本人とのかかわりにおいては、本人が何にどのように困っているのか、本人が抱えている困りごとに寄り添い、その人に合った支援の方法を検討していくことが必要です。その際には、相談支援の知識だけでは判断できないこともありますので、医療機関やリハビリテーション機関との連携が必要です。また、都道府県には高次脳機能障害支援コーディネーターが配置されていますので、そのような専門職と一緒にかかわってもらい、より専門的な支援を提供できるようにすることが重要です。

## Q15 障害児の家族支援

### 子どもの障害受容ができていない家族への相談対応で配慮すべきことを教えてほしい。

### A 障害受容ではなく、わが子とどう向き合うかを考えられるように支援。

わが子に障害があることを受け入れられない気持ちを抱えながらも、相談にこられたことについて敬意を表し、家族のありのままの気持ちを受容しましょう。そもそも、相談支援専門員が**支援を要する障害児**としてではなく、**本児の親にとって大切なわが子**であるという視点で家族の気持ちを受け止めることが大切です。わが子ができていないことや困っていることにばかり焦点を当てるのではなく、**わが子の好きなことやできていること**にも着目し、大切なわが子がもっと笑顔になるためにはどうしたらいいかを本児の親と一緒に考えるのが望ましいでしょう。そうすることで、障害受容ではなく、わが子とどう向き合うかという視点で家族が考えられるようになり、そこに寄り添うかかわりができるようになるでしょう。

また、同じ障害のある子どもをもつ家族との出会いの場を設けることで、同じ悩みごとを共有したり、少し先の未来がイメージできるようになるでしょう。

# 2 アセスメント

## Q16 アセスメントのポイント

## アセスメントの目的や押さえておくべきポイントを教えてほしい。

**A 利用者本人の言葉の背景にある想いを明確にすることが肝要。**

アセスメントとは、本人の夢・希望の実現や課題の解決に向け、必要な情報を収集し、整理、分析することであり、ケアマネジメントにおける重要なプロセスの一つです。このアセスメントの結果を踏まえて、本人の支援計画をプランニングしていくことになりますので、本人の望む生活を明確にしていく、つまり、**本人の言葉の背景にある想いを的確に理解すること**が大切です。見かけは同じ言葉でも中身は一人ひとりいろいろな思いをもっていることを常に意識しておく必要があります。

また、アセスメントにおいては本人からの聞き取りだけでなく、本人を中心にして家族やかかわりのある人たちからも情報を得ることが必要です。ただ、やみくもに情報を収集するというわけではなく、本人の想いや希望を実現していくために必要なこと、本人にとってキーパーソンとなりえる人への聞き取りが大切です。

# Q17 アセスメントシートの活用①

## アセスメントシートは必ず使用しなければならないのか？

**利用者本人との面談時には、必ずしも使用しなくてもよい。**

アセスメントシートには知っておくべき、知っておくのが望ましい項目が並んでいるので、シートを使えば効率よく情報をとることができるでしょう。しかし、本人の話を聞く際に必ずしもアセスメントシートを持参する必要はありません。たとえ、手元にアセスメントシートがあったとしても、相手の話に集中してあいづちを打ったり、相手の表情を見ながら話を聞くことが重要です。本人と話をするときに記憶にとどめておくのが難しい項目については、メモをとることもあるかと思いますが、その際にも本人に一言、「メモをとってもいいですか？」と確認するのが望ましいでしょう。

# Q18 アセスメントシートの活用②

## アセスメントシートは、すべて埋めたほうがよいのか？

**シートを埋める（記入する）ことが目的ではない。**

利用者本人との面接時にすべて埋めようとする必要はありません。なぜなら、そのときにすべてアセスメントシートの項目を埋めようとすると、項目を埋めることが目的となってしまい、本人の話を聞くことに集中ができないからです。アセスメントシートを上から順に埋めるためにシートに沿った質問をするのではなく、本人が話すタイミングや話の流れを優先することが必要です。また、情報として本人への聞き取りだけではすべて埋まらない場合もあります。医療の情報等は本人が正確な情報を把握していないこともあるため、その場合は本人に同意を得たうえで、関係機関から聞き取りをすることも必要となってきます。また、その後もアセスメントシートは更新されるものとし、すべてが埋まらなくても、二次アセスメ

知識

価値

考え方

権利擁護

スキル
面接力

スキル
情報収集

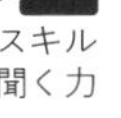
スキル
聞く力

スキル
つながる

スキル
つなげる

ルール

運営
経営

見立て
手立て

ントシートの作成につなげていくことが望ましいでしょう。

## Q19 初回のアセスメント

## 初回の面談でアセスメントまで終えたほうがよいのか？

### A 初回の面接ですべてを聞き取ろうとしない。

初回の面接（インテーク）からすでにアセスメントは始まっています。ケアマネジメントのプロセスにおいては、インテーク、アセスメント、とわけて表記をしてありますが、実際にはインテークから、すでにアセスメントは始まっていることを意識しましょう。最初は自分が何者であるか、今後どのようなかかわりをしていくのか、利用者本人に理解してもらうこと、そして、本人がどう感じているのかということに重きを置き、こちら側の「アセスメントを深めたい」「もっと知りたい」という気持ちは抑えることが望ましいでしょう。

本人を知りたい気持ち、関心をもつことはとても大切ですが、関係を構築してからでないと、吐き出せない本人の気持ちがあることも考慮し、徐々に関係を築きながらアセスメントを深めていくのが望ましいでしょう。

## Q20 聞きづらい情報

## 家族の関係性や経済状況など聞きづらいことについても、必ず聞かなければならないか？

### A 必要な情報が何かを見極める。

こちらが聞きづらいと思っていることと、相手が言いたくないと思っていることが必ずしも合致しているとは限りません。アセスメントにおいては、利用者本人が何に困っているか、それを解決してどんな生活を希望しているかが重要であり、そのために必要な情報については本人の同意を得て、教えてもらうのが望ましいでしょう。

聞きづらいことであっても必要なことであれば本人との関係性を構築しながら、タイミングをみて教えてもらいましょう。ただ、基本的には本人が話したくないことは話さなくていいことを伝えて、秘密保持についても繰り返し伝えるなど、安心して話せるような場づくりを心がけることが重要です。

## Q21 アセスメントの幅と奥行き

## 利用者本人の過去のことや家族の情報など、サービスを利用するために不要な情報についてはどの程度聞いたらよいのか？

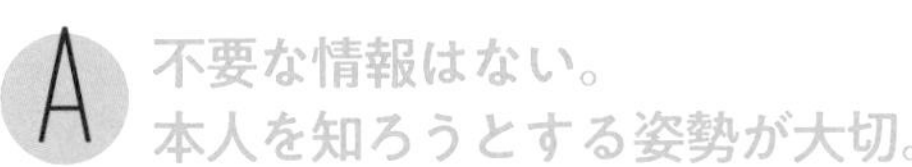


相談支援専門員は「計画」を作成することが主たる役割ではありません。そういった意味では本人を理解するうえで不要な情報など何一つありません。むしろ**本人の過去のことや家族のことといった情報はとても貴重で重要な情報**です。本人に関心をもち、さまざまな視点で本人を知ろうとすること、その姿勢が重要です。支給決定をしてもらうために、必要最低限の情報だけ聞き取るのが相談支援専門員の役割ではないのです。

また、一時的なかかわりではなく、これから先も長くかかわっていくうえで、本人の環境も気持ちも変化をします。それを踏まえ、**自分のアセスメントを過信しない**ことも必要です。そのために地域で開催している事例検討会に自分の事例を提供し、他者からの意見をもらうことで自分のアセスメントの弱さや、不足していることに気がつくことができます。他者からの意見を取り入れ、実践につなげていくことで、よりアセスメントは深まり、本人との関係性も構築されてくるでしょう。

## Q22 アセスメントの焦点化

**どこに焦点をおいて聞いたらいいかわからず、話が広がりすぎて困ってしまう。何かコツがあれば教えてほしい。**

### A 利用者本人と約束事を決めておく。

初めから焦点を絞ろうとしながら話を聞くのはかえって難しいですし、本人が窮屈に感じてしまいます。本人が話したいこと、聞いてほしいことを十分に聞きましょう。本人がどんな言葉を使い、何を感じ、考えて話をしているのかを知り、傾聴に徹することが大切です。どうしても話が広がり過ぎてたくさんの時間を要してしまう場合は、あらかじめ何時まで、という約束を本人と共有しておくと、途中で話を遮らずにすみます。本人が何に困り、これからどうしたいのか、どんな ところに支援が必要か、というのは最初から簡単に聞き取れるものではありません。まずはじっくりと本人の話を聞き、その人を知ることから始めてみましょう。

## Q23 居宅等への訪問①

**アセスメントの際は、必ず訪問しなければならないか？**

### A 居宅等への訪問は必須。

相談支援専門員は「計画」の作成にかかるアセスメント、モニタリングの実施時には利用者の居宅等に訪問することが運営基準※に規定されているため、原則、訪問することが求められています。

利用者本人の自宅に訪問し生活の様子を見せてもらうことはアセスメントにおいてとても重要になります。部屋の掃除がされているか、洗濯物は干してあるか、どのような本や漫画が並んでいるか、台所はどのように使われているかなど、本人が語らずともさまざまな情報を得ることができます。家族と同居をしている場合も、家族とどんな口調で話をしているか、家族と一緒にいるときはどのような様子かなど、さまざまな角度から本人を知ることができます。ただ、本人や家族が拒否をする場合もあり訪問ができないこともあります。その場合は徐々に関係を構築しながら訪問を受け入れてもらえるように努力することが望ましいでしょう。

なお、災害時や感染症予防などの対応については、別途通知などがありますので、確認してください。

※　障害者の日常生活及び社会生活を総合的に支援するための法律に基づく指定計画相談支援の事業の人員及び運営に関する基準（平成24年厚生労働省令第28号）第15条第２項第６号

## Q24 居宅等への訪問②

## 訪問時に持参すると役に立つものがあれば教えてほしい。

**A いろいろ想定して備えておくと、いざというときに役立つ。**

初回の訪問において必ず持参したいのは、利用者本人や家族に求められた場合に提示が必要な身分を証する書類※です。

また、初回は必要のない場合もありますが、障害福祉のしおりや事業所一覧等の情報ツールはいつでも出せるように準備しておくとよいでしょう。メモ用紙と筆記用具、色鉛筆やマジック、小さいホワイトボード等は本人と状況の整理をするときなどに役に立ちます。それから、手続きの際に押印をしてもらう場合、朱肉を持っていないこともあるため、朱肉や押印板を常備しておくと役に立ちます。

サービスをまだ何も利用していない場合は、自宅にダニなどが発生している場合もあるため、虫よけスプレーや、予備の靴下などがあったほうがいい場合があります。訪問してみるまでどんな状況かはわからないため、これらは常に車の中などに置いておくなどして準備しておくといざというときに役に立ちます。また、駐車場のないお宅もあるため、近くに駐車させてもらう際に自分の連絡先と駐車している理由を示してあるカードを置いておくと何かあったときに対応が可能です。また、アクシデントが起きたときに、自分だけでなく本人を守る必要性があることを想定し、防犯ブザーを携帯し

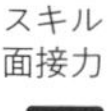

ておくことも重要です。

※　障害者の日常生活及び社会生活を総合的に支援するための法律に基づく指定計画相談支援の事業の人員及び運営に関する基準　第11条

## Q25 居宅等への訪問③

## 訪問時のアセスメントについてのポイントがあれば教えてほしい。また、お菓子やお茶を出されたときはどのように対応すればよいのか？

### A 利用者本人の生活の様子や住んでいる地域の情報も重要。

百聞は一見にしかずと言いますが、訪問することによって本人の生活の様子がよくわかります。家の中の状況について知ることができるのはもちろんですが、どのような地域に住んでいるのか、近隣住民にはどんな人たちがいるのか、民生委員の連絡先はどこか、など地域の状況も見えてきます。アセスメントの際には地域の様子や災害時の避難場所、自治会の状況なども把握するようにしましょう。

また、お茶やお菓子を出されるということは、客人として迎えてくれたと捉え、相手の気持ちを尊重し、ありがたくいただくという考え方もありますが、個人で判断することなく、職場のルールに従い、いただけない場合は本人や家族にその旨を説明しましょう。

また、初回の訪問の場合や状況によっていただくことになった場合も、準備をしてくれていた気持ちに感謝を伝え、今後も引き続き訪問をすることになるので、「今後はお構いなく、お気遣いされないように」と申し添えることを忘れないようにしましょう。

# Q26 居宅等への訪問④

## 女性相談員が男性利用者宅に訪問する際など、訪問時の服装について注意する点があれば教えてほしい。

### A 男女問わず、社会人として適切な服装を心がける。

女性相談員が男性の自宅に一人で訪問をすることは珍しくないことです。服装については、当然配慮が必要ですが、利用者が男性であろうと女性であろうと社会人として基本的な常識の範囲内での服装であることが望ましいでしょう。訪問時にはいすに腰かけることなく、畳や床などに座ることもあるため、そのことを想定した服装にしておくと安心です。また、相談支援専門員は親身になって相談を受けるため、男性利用者から特別な好意をもたれることがあるかもしれません。その際には**仕事として対応していることを明確に伝え**、それでも利用者本人の理解が得られない場合には男性の相談員にバトンタッチするなど、本人との関係性が大きく崩れる前に早めに対応をすることが望ましいでしょう。

# Q27 コミュニケーションが苦手な利用者に対して

## 利用者本人はコミュニケーションが苦手なため、本人の意向が確認できない。どのように意向を確認したらよいか？

### A 「意向を確認することは簡単ではない」ことを前提に。

本人がどのようなところでコミュニケーションに苦手意識を感じているのかを知ることから始めることが大事です。周りに人がいて雑音があって集中できずに話ができないのか、初対面の人だと緊張が高まって話ができないのか、話をしようとしても整理ができずに言葉として出てこないのか。また、逆にどんな場面であればコミュニケーションが図れるのか、その点が確認できればそこに寄り添いながら、本人からの発信を待つ、ということも一つの大事なかかわ

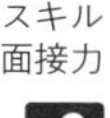

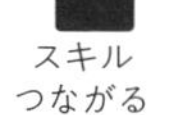

りとなってきます。そもそも、相手の意向を確認する、という行為はとても強引であり、**そう簡単に人の気持ちを知ることはできない**ということを前提として知っておくことが望ましいでしょう。どんなに饒舌（じょうぜつ）な人でも本音を語ってくれているとは限りません。コミュニケーションが苦手で、言葉での表現が少なくても相手との距離を縮めたいという気持ちがあれば、徐々にそれは埋まっていくものだと信じてあきらめずにかかわり続けましょう。

なお、国の示したガイドライン※では、「本人の自己決定や意思確認がどうしても困難な場合は、本人をよく知る関係者が集まって、本人の日常生活の場面や事業者のサービス提供場面における表情や感情、行動に関する記録などの情報に加え、これまでの生活史、人間関係等様々な情報を把握し、根拠を明確にしながら障害者の意思及び選好を推定する」としています。こうしたガイドラインなども参考にして、意向の確認を考えていきましょう。

※　障害福祉サービスの利用等にあたっての意思決定支援ガイドラインについて（平成29年障発0331第15号）Ⅱ　総論　3　意思決定支援の基本的原則（WEBサイト参照（p.170））

## Q28 ニーズ整理のポイント

## 情報収集した後、それらの整理が難しい。ニーズ整理のポイントを教えてほしい。

### A 現状、課題、アクションプランにカテゴリー分けする。

情報を収集したら記憶に新しいうちに利用者本人が話してくれた内容をカテゴリー分けしながら、書面に書き出して整理をすることが大切です。その際には現状と課題を書き出し、課題解決のためのアクションプランまで示しておくとよいでしょう。整理をしていくなかで、これが本当に本人のニーズなのか、表面的なものではなく真のニーズであるのかを考えながら、少しでも疑問に感じるところはさらに本人の話を聞くポイントとしてチェックして次の訪問に備えましょう。その際には自分がニーズ整理した内容について、本人に説明し、自分はこう思うけど、○○さんはどうですか？　と本人と話をしながらニーズを整理していくことが望ましいでしょう。

# Q29 心理検査の活用

## 家族から提供された心理検査の結果をどのように活用すればよいかわからない。活用の仕方を教えてほしい。

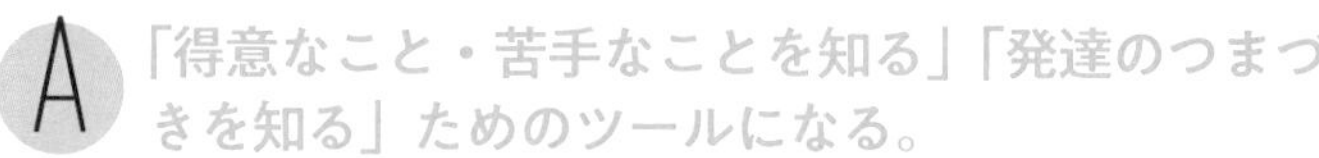

**A 「得意なこと・苦手なことを知る」「発達のつまづきを知る」ためのツールになる。**

心理検査とは、知能水準や発達水準、パーソナリティを評価するための検査のことで、教育や医療、司法などで、本人理解や支援計画・治療計画を立てるためのアセスメントの一つとして活用されています。検査には、知能検査（田中ビネー、WAIS、WISC、WPPSIなど）、発達検査（新版K式など）、性格検査（質問紙法／MMPI、Y-G性格検査、精神作業検査法、投影法／ロールシャッハテスト、SCT、TATなど）などがあり、年齢や目的に合わせて実施します。

子どもの相談支援だけではなく、大人の発達障害のある利用者への相談支援において、発達の状況や特性を理解していくことは、とても重要なことです。その際に心理検査を活用することで、本人理解や支援方針のヒントになります。特に子どもの支援においては、発達課題や特性に合わせた支援を教育機関やサービス提供事業所との連携により進めていく必要がありますので、そのツールとして心理検査を活用してみてください※。

とはいえ、検査結果や所見などを理解し活用することは、ある程度の専門知識や経験が必要ですし、それは一朝一夕にはいきません。そのような場合は、検査を実施した機関の心理職などに確認することが一つの選択肢となります。そこでは、検査により得られた本人の特性や傾向、特に具体的な手立てについて確認できるとよいでしょう。

※〔参考〕心理検査の実施機関については、第4章を参照（p.158）。

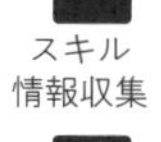

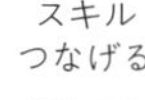

## Q30 乳幼児期のアセスメント

**乳幼児期のアセスメントのポイントや学齢期以降との違いがあれば教えてほしい。**

### A 家族の気持ちや想いを大事にしつつ、子どもの理解にも努める。

学齢期に比べ乳幼児期は、家族の不安や期待など、気持ちの揺れが大きく、家族の希望や困り感が前面に出やすい時期といえます。アセスメントにおいては、こうした家族の気持ちや想いを大事にしつつ、お子さんの発達の状況や、両親・きょうだいとの関係性などにも目を向けていきましょう。

この時期に相談支援事業所につながる場合、すでに保健センターや療育機関がかかわっている場合も少なくありません。子どもの発達や課題を把握していくためには、そのような機関との連携によりアセスメントを深めていくことも有効です。また、アセスメントを進めていくなかで、発達のつまづきや課題を明らかにしていくだけではなく、**“得意なこと”や“持ち味”を見つけていくこと**も重要です。それを子どもや家族と共有し、一緒に成長を見守れるような関係性を築いていきましょう。

## Q31 学齢期のアセスメント

**学齢期のアセスメントでは、学校の先生が設定している課題や目標を相談支援専門員としてどう活用し、どのようにアセスメントすればよいのでしょうか？**

### A 学齢期のアセスメントは学校の“教育プラン”を活用する。

学齢期においては、学校に加え、放課後等デイサービスや放課後児童クラブ、さらには外出支援（行動援護や移動支援）などを利用して過ごすことが増えてきます。そのなかで、それぞれの支援者がそれぞれの専門性や視点から、子どもや環境面のアセスメントをしているはずです。そのようなことからも、家庭や学校、その他の場面で見せる子どもの姿を、実際に確認しながらアセスメントしていくことが重要です。とはいえ、学校での様子を直接見ることや、先生と直接やりとりをすることは、地域によっては難しいかもしれません。そのような場合は、まずは学校で作成される教育プラン（個別の教育支援計画・個別の指導計画）を保護者から見せていただくことも有効な手段となります。学校や地域によって内容に差があるかもしれませんが、教育プランのなかに方針や目標、課題などが記載されています。できればその内容について担任の先生とのやりとりをしながら、アセスメントを深めていけるといいでしょう※。

さらには学期末の評価、いわゆる通知表を保護者から見せていただくことで、学校のかかわりや様子、課題・目標などを知ることができますので、活用してみてください。

※　文部科学省・厚生労働省「家庭と教育と福祉の連携『トライアングル』プロジェクト報告～障害のある子と家族をもっと元気に～」（平成30年３月29日）（WEBサイト参照（p.170））

# Q32

医療的ケアが必要な利用者

## 医療的ケアが必要な障害児・者のアセスメントのポイントを教えてほしい。

### 疾患や健康状態の理解とストレングス視点が重要。

まず医療的ケア児の相談支援においても、障害児支援の三つのポイント（発達支援・家族支援・地域支援）が重要になります。そのうえで、「疾患や障害を正しく理解すること」や、ストレングスの視点で本人理解を深めていくことが重要です。一方で、リスクマネジメントの観点から、家族の心身の負担感や疲弊感などにも目を向け、虐待の早期発見や予防も重要な視点となります。

ここでは子どもの相談支援を取り上げましたが、大人の場合でもアセスメントの重要な視点は共通しています。あとは、どのように情報収集し、見立てていくかが重要になります。とはいえ相談支援専門員で医療の知識や経験が豊富な方は少ないでしょうし、命にかかわるリスクも高いので、慎重にすすめていかなければなりません。そのような点を踏まえて、医療機関や直接かかわっている方、医療

知識

価値

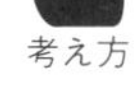
考え方

権利擁護

スキル
面接力

スキル
情報収集

スキル
聞く力

スキル
つながる

スキル
つなげる

ルール

運営
経営

見立て
手立て

的ケア児等コーディネーターなど、関係者の力を積極的に活用していきましょう。それにより正確な情報を集め、根拠をもって見立てていくことを心がけてください。

## Q33 "直B"の場合の就労アセスメント

### 特別支援学校から直接、就労継続支援B型事業の利用を検討しているが、アセスメントをどのようにすすめていけばよいのか？

### A 学校と就労移行支援事業所との連携を密に。

平成27年4月より、就労経験がない者（50歳以上の者や障害基礎年金1級受給者を除く）が就労継続支援B型事業を利用する場合は、就労移行支援事業所等による就労アセスメントを実施することが必須とされています。

特別支援学校等の在学中に一般企業や就労移行支援事業所などの実習や面談により就労アセスメントを実施することになります。また、相談支援事業所としては、この実習やアセスメントを目的とした就労移行支援事業所利用のためのサービス等利用計画が必要となりますので、担当課に確認のうえ作成してください。

就労アセスメント終了後、相談支援専門員は、その結果や学校の個別の教育支援計画、相談支援専門員自身が行ったアセスメントの結果などを踏まえて、サービス等利用計画を作成することになります。

また、卒業後の進路については、学校が中心的に進めていく場合が多いと思いますので、アセスメントの共有だけではなく、スケジュールや方針、進捗状況など、学校と密に連携しながら進めていくとよいでしょう。一連の流れや**就労アセスメントのポイント**など、詳細については厚生労働省の「各支援機関の連携による障害者就労支援マニュアル（平成29年3月改訂）」（WEBサイト参照(p.170)）を参考にしてみてください。

# Q34 入所施設や精神科病院からの地域移行

## 地域移行を希望する利用者へのアセスメントのポイントを教えてほしい。

### 幅広い情報収集は地域移行した後にも役に立つ。

地域移行支援を希望する人は地域での暮らしから長い間遠ざかっていた人が多いため、何がどれくらいできるのか、現在もっている力がどのくらいか、利用者本人の話だけでなく、入院・入所している本人をよく知る施設や病院の支援者からの情報も得ることが必要です。

また、入院・入所前の暮らし、長年自宅ではないところで暮らすことになった本人や家族の事情など、さまざまなところからの情報を取り入れることが望ましいでしょう。「地域に移行したい」と希望しているのが本人であっても、実際に退院や退所が現実的になってくると、急に不安が強くなって気持ちが萎えてしまう人もいます。そういったことも考慮しながら、地域移行後の生活がより安心して充実した生活になるためにも、**本人の気持ちを大切にしながら、じっくり時間をかけてアセスメントを深めていく**必要があります※1。

なお、地域移行支援においても意思決定支援が重要であり、Q27で先述したガイドラインでも、「体験の機会の活用を含め、本人の意思確認を最大限の努力で行うことを前提に、事業者、家族や、成年後見人等の他、必要に応じて関係者等が集まり、判断の根拠を明確にしながら、より制限の少ない生活への移行を原則として、意思決定支援を進める必要がある」※2としています。

※1　名川勝・水島俊彦・菊本圭一編著『事例で学ぶ福祉専門職のための意思決定支援ガイドブック』中央法規出版、2019.

※2　障害福祉サービスの利用等にあたっての意思決定支援ガイドラインについて　Ⅱ　総論　2　意思決定を構成する要素（WEBサイト参照（p.170））

知識

価値

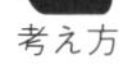
考え方

権利擁護

スキル
面接力

スキル
情報収集

スキル
聞く力

スキル
つながる

スキル
つなげる

ルール

運営
経営

見立て
手立て

# 3 サービス等利用計画・障害児支援利用計画作成

## Q35 利用者本人の言葉をどのように反映させるか 

### 計画に本人の言葉をそのまま書いてよいのか？

**A 利用者からの言葉は大切に。支給決定を行う行政の担当者が見てわかる表現で作成する。**

計画はあくまで利用者自身のためのものです。利用者の言葉を大切にしながら、**できる限り本人の言葉で表現**することが大切です。ただし、計画は支給決定を行う行政の担当者をはじめとした関係機関の方々で共有するものにもなります。できる限り他者が見て理解できるような表現や心遣いは作成者の責任として必要です。

また専門的な言葉や用語を使うのはできる限り控えましょう。あくまで他者が見てわかるものであることが重要です。

## Q36 利用者本人の意向と家族の意向 

### 本人の意向と家族の意向の両方を記載したほうがよいのか？

**A 家族の意向を記載する場合は、誰の意向かを明確にし、家族の意向に偏らない記載とする。**

「利用者及びその家族の生活に対する意向（希望する生活）」の欄には、「こうやって生活をしたい」という利用者の希望を中心に、できるだけ利用者の言葉や表現を使い、前向きな表現で記載します。そこに、家族の希望や意向を記載する場合には、誰の意向なのかわかるようにしておきましょう。また、あくまでも本人中心の計画であることを忘れずに、本人とイメージを共有して、わかりやすい言葉で記載します。

## Q37 利用者本人と家族の意向が違うとき

**本人と家族の意向が違うとき、どちらを大事にすればよいのか？**

### A 利用者の意向と家族の意向が食い違うことは当然あるので、どちらも尊重したうえで作成する。

利用者と家族の意向が食い違うことは当然あります。相談に来た時点で意見が相違していることもあれば、面接中にお互いの意見の相違に気づくこともあります。この場合、**どちらの意向にもそう思うだけの背景や理由がある**ということを汲み取りつつ、利用者と家族が話し合うなかで意向の相違を埋めていきます。その際、どちらかが、あるいはお互いがつらい思いをすることにならないように、伴走しながら寄り添い、**お互いの気持ちをきちんと汲んで計画の作成に努めること**も相談支援専門員の大切な役割の一つです。

## Q38 利用者本人および家族への説明

**本人および家族に対してわかりやすく計画内容を説明するためのポイントがあれば教えてほしい。**

### A 重要なポイントに絞って、利用者の表情を見ながら説明する。

計画作成が終わり、内容を利用者本人に説明するうえで、記載している内容をただ読み上げるのではなく、作成した計画のどの部分をきちんと利用者に理解してもらいたいか、相談支援専門員自身がポイントを整理したうえで説明しましょう。その際に**利用者の表情を見ること**が大切です。利用者の表情からこちらの作成時の思いが伝わっているかどうか読み解くことができます。また家族などの支援者が同席する場合があります。その際、家族にも視線を送りながら、利用者の表情を見ることも忘れないでください。

知識

価値

考え方

権利擁護

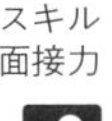
スキル 面接力

スキル 情報収集

スキル 聞く力

スキル つながる

スキル つなげる

ルール

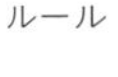
運営 経営

見立て 手立て

## Q39 短期目標と長期目標の期間の目安

### 「短期目標」と「長期目標」の期間をどのように設定すればよいか？

**A 短期目標は概ね「直近から３か月」、長期目標は「６か月から12か月」が目安となる。**

短期目標はできる限り直近で課題解決できる内容であることが必要です。その期間は概ね**「直近から３か月」**です※。ここには、長期目標実現のために具体的で実現可能な内容を記載しますが、稀に短期目標なのに難しい目標設定になっているケースがあります。例えば「自立しましょう」は内容が抽象的でどこを自立として捉えるかが曖昧です。利用者のアセスメントから強みを活かして、達成できそうな内容を設定することが必要です。

長期目標は概ね**「６か月から12か月」を目安とします**※。長期になるとどうしても目標設定が抽象的になりやすいですが、できるだけ具体的で利用者も一緒に目標達成がイメージできるような目標を設定することが必要です。

※「サービス等利用計画作成サポートブック」（平成23年度厚生労働省障害者総合福祉推進事業「サービス等利用計画の実態と今後のあり方に関する研究事業」）

## Q40 支援目標の達成時期

### 「達成時期」を設定するときに、何を基準に設定したらよいか悩んでしまう。設定のポイントを教えてほしい。

**A ゴールは利用者と一緒に設定し、必ずしも「○年○月」という表現でなくてもよい。**

そもそも「解決すべき課題」や「支援目標」が抽象的だったり曖昧だったりしていませんか。曖昧なものに対しては「達成時期」を明記することが難しくなります。できるだけ抽象的にならないように配慮しながら、**具体的に記載すること**が必要です。達成時期をなんとなく設定してしまうとモニタリングの際に苦しくなります。時期を指定することで、利用者によっては急かされているように感じてしまう可能性もあります。そうした場合は、○年○月という記載にこだわらず、相談支援専門員と利用者が一緒にイメージして、その内容を共有したうえでゴールを設定し、そこへ向かっていくことが重要です。

## Q41 インフォーマルなサービスの活用と記載

**ボランティアや地域の資源を活用したいと思っているが、公的なサービスより優先してよいのか。また、計画書にはどのように記載すればよいのか？**

### A 利用者を取り巻く社会資源をできるだけ正確に記載することが重要である。

利用者を取り巻く社会資源がしっかりと反映された利用者本人にとってオリジナルな計画であることが必要です。「福祉サービス等」の欄には、公的な福祉サービスだけでなく、利用者を取り巻く**インフォーマルな社会資源を記載すること**が重要です。インフォーマルな社会資源とは、公的な制度以外の社会資源を指します。

例えば、相談支援専門員と知り合う以前から関係性があった人が地域にいませんか。その人のことを利用者自身もとても頼りにしている場合はぜひ計画の中身に反映してください。きっと利用者はとても安心されると思います。計画に表記するということは言葉として残すことになります。さまざまな人間関係がきちんと明記されていると真の意味で利用者が安心できる計画になります。

## Q42 計画案と確定プランの違い

**計画案と“案”が外れた本計画との違いは？**

### A 確定プランは具体的に事業所名・担当者名が入り、利用者の同意を得たもの。

「計画案」は自治体が行う**支給決定**に向けた、相談支援専門員が行う計画の「提案」であり、利用者に対して説明、同意を得るため

知識

価値

考え方

権利擁護

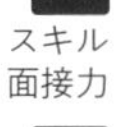
スキル
面接力

スキル
情報収集

スキル
聞く力

スキル
つながる

スキル
つなげる

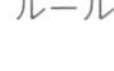
ルール

運営
経営
見立て
手立て

の「原案」です。計画案は相談支援専門員がアセスメントを行ったうえで必要と見立てたサービスなどを盛り込んだもので、この時点でほぼ完成していますが、具体的な事業所名や担当者名の明記にまでは至っていません。計画案から計画（確定プラン）になるためには、支給決定と担当者会議の開催を経て、**より具体的な記載が済んで、利用者に説明のうえ同意を得ること**が必要です。表現の仕方はさまざまですが、事業所名や担当者名、事業所の連絡先などを記載することが多いです。

## Q43 計画の作成日とは

**計画の作成日とは、「作成した日」か「サービスの利用開始日」のどちらか。**

### A 「作成した日」を記載しますが、自治体の考え方や地域でのルールを一度確認すること。

**「計画作成日」は、計画を作成した日にちを記載します**。ところが支給決定権のある自治体によって独自の考え方やルールが存在する場合もあります。その際にはそのルールに沿って記入することをお勧めします。

また、利用者の生活は日々変化します。計画を作成した日を記入することでその時期になぜ計画を作成することになったのかを将来、振り返る契機となります。

## Q44 計画に同意・署名等をもらうタイミング

**計画案に同意・署名をもらうのは、市区町村への申請前か、支給決定後のどちらか？**

### A 「支給決定の後」に同意を得ることが必要で、その証が必要。

支給決定に向けた「計画案」には、書面により利用者に対して説明し同意を得る必要がありますが、その際に署名や押印は必須ではありません。あくまで計画案なので必要に応じて自治体は計画内容を確認したうえで、相談支援専門員に内容や中身に対して意見や質問を行う場合があります。その際に相談支援専門員はその旨を利用者に伝えて調整する必要があります。

例えば、サービスの支給量が多くなりそうなことが予測される場合は、計画作成にあたりあらかじめ自治体と協議しておくことで、利用者は希望したサービスが使える目途が立ち、安心することができます。支給決定の後に「計画案」について利用者に説明し、同意を得ることが不可欠であり、その証が必要です。ケースに応じて柔軟な対応を行うのも相談支援専門員のテクニックとして身につけておきたいところです。

## Q45 署名は利用者本人でなくてはならないか

## 利用者本人が署名することが難しい場合の署名はどうすればよいか？

### A 同意の取得については署名に限られないことになっている。

そもそも計画への同意に「署名」をもらうことが目的ではありません。**利用者本人が理解することや利用者へ十分な説明の機会を担保したか**が重要なことです。

計画を立案するうえで利用者本人の意思決定を得ることが難しい場合があります。こうした署名を求めにくい利用者について、署名以外の方法で同意を求める場合は、支給決定を行う自治体との事前の協議や確認が必要です。この辺りは必ず怠らないようにしてください。

また、自治体によっては利用者に代わって家族や支援者などのいわゆる代理人の署名が認められているケースもあります。

なお、令和３年度の障害福祉サービス等報酬改定に伴う運営基準の改正によって、同意の取得は署名に限られないこととなっています。これは､例えば電子メールの活用（電磁的方法※による同意）などが考えられます。業務の創意工夫を通して利用者の意思決定を追求するきっかけにしてください。

※〔参考〕電磁的方法については、Q169を参照（p.122)。

知識

価値

考え方

権利擁護

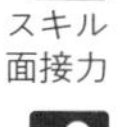
スキル
面接力

スキル
情報収集

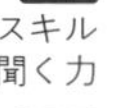
スキル
聞く力

スキル
つながる

スキル
つなげる

ルール

運営
経営
見立て
手立て

## Q46 計画にある「モニタリング期間」の使い方

### モニタリング期間の設定と表記の仕方はどのようにしたらよいか？

**A 期間の設定は利用者を総合的に捉えて相談支援専門員が提案する。**

モニタリングの設定期間は利用者本人の特性に応じて柔軟であるべきです。相談支援専門員は利用者を総合的に捉え、サービスの効果や必要性を踏まえてモニタリング期間を提案します。**最終的には自治体が適当な期間か否か判断します**。そのため自治体と常日頃から話し合って、できる限り利用者に応じたモニタリング期間が設定できるように努めましょう。

また、モニタリング期間の表記の仕方は**「○か月に1回以上」**という表現を用いることが多いですが、これも利用者によって柔軟な表記にしていくことが大切です。

## Q47 計画にある「本人の役割」の使い方

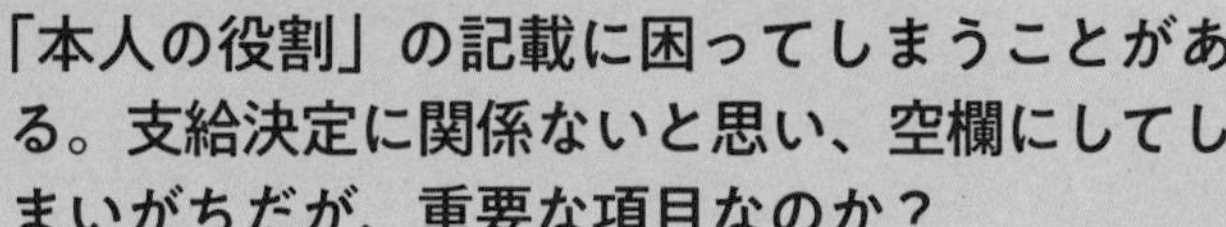

### 「本人の役割」の記載に困ってしまうことがある。支給決定に関係ないと思い、空欄にしてしまいがちだが、重要な項目なのか？

**A 「本人の役割」は利用者のエンパワメントの視点からも大変重要である。**

自分のことを自らが理解するということはとても難しいことです。ましてや障害や病気を抱えている利用者はなかなか自身で理解しにくいところもあります。また家族はどうしても利用者本人を客観的に見ることができません。一方で、相談支援専門員は、中立公平に向き合うことができる存在です。そのため、利用者の役割を客観的な視点から一緒に考えることで利用者本人のエンパワメントにつながります。計画のなかに、例えば、「困ったときに電話をする」でも「自分のペースで○○する」でも、**利用者自らの役割が明記されていることは、自立に向けてとても重要な視点**といえます。

# Q48 計画にある「備考」の使い方

## いつも備考欄を空欄にしてしまうのだが、どのように活用すればよいのか？

### 「利用者の言葉の一つを記録するスペース」と捉える。

相談支援専門員は計画作成時に面接を行いますが、そこで利用者からたくさんのメッセージをもらいます。その際に**気になったことや大切なことを自由に記録するスペース**が「備考欄」です。何を書いてもよいです。

例えば、家族の想いや願いを記載するのもよいかもしれません。また防災や緊急時の対応方法などを記載するのも自由です。備考欄は利用者と話し合って有効に活用します。

# Q49 週間計画表

## どこまで記載するのか？　記載したほうが望ましい内容があれば教えてほしい。

### 利用者本人の１週間の様子や生活スタイルが一目でわかるものにする。

週間計画表とは**利用者の１週間の様子が一目でわかるもの**です。支援を展開していくうえで利用者の１週間のライフスタイルや生活リズム、休日の過ごし方などを総合的に把握することは大変重要なことです。それにより、利用者自身をよりいっそう理解することにつながります。例えば、食事をとる時間や入浴や就寝する時間帯を把握して計画に記載できていますか。週末などお休みの日の過ごし方を知っていますか。できる限り知り得た情報を週間計画表に反映させましょう。

## Q50 自法人・団体のサービス利用

### サービス提供事業所が自法人の事業所ばかりになっているが、認められるか？

**A 法的に問題はないが、相談支援専門員が中立公平な視点をもつことが難しくなるおそれがある。**

相談支援では中立公平な立場と視点から利用者本人を総合的に捉えていくことが期待されています。自法人や団体のサービス利用となるとどうしても組織の事情や背景が色濃くなり、中立公平に支援を展開していきづらくなります。そうなると利用者や家族もつらいですが相談支援専門員も**どちらの立場に立つかのバランスがとれなくなる危険性があります**。中立公平な立場から物事を見るほうが､客観的に見ることができるため､よりよい支援につながります。注意しないといけないのは、相談支援専門員がサービス提供事業所の職員を兼務している場合です。その場合、計画作成は認められることがありますが、モニタリング等においては利用者が希望していても認められませんので注意が必要です※。

※　厚生労働省「相談支援に関するQ&A（令和３年４月８日）」問36・37（WEBサイト参照(p.170)）

## Q51 計画を作成しなくてもよい場合

### 一つのサービス利用でも計画を作成する必要があるのか。移動支援や日中一時支援のみ利用する場合も作成する必要があるのか？

**A 障害福祉サービスを利用する場合は支給決定の根拠となる計画が必要である。**

利用者本人が障害福祉サービスを利用する場合、支給決定を行う自治体はその根拠を求めることとなります。本人以外の第三者で作成することができるのは指定相談支援事業所に所属する相談支援専門員のみで「業務独占」となっています。ただし、**地域生活支援事業に位置づけられているサービスのみの利用の場合は計画作成が必要ありません**。例えば、移動支援や日中一時支援のみの障害福祉サービスを利用しているケースを指します。

しかし、障害福祉サービスを利用している時点で利用者は障害者ケアマネジメントを希望していることになります。その際、利用者自身が相談できる先がきちんと確保されていることが重要です。地域のなかで相談できる先を担保しておくことは自治体の使命であり、そこに従事する相談支援専門員は相談支援を通して利用者が地域で安心して生活できるように地域基盤を整えることが重要です。

## Q52 緊急でサービス利用が必要になった場合

### 家族の急逝や入院などで、緊急でサービス利用が必要になった場合、計画作成や手続きはどのようにしたらよいか？

**A まずは自治体に報告および相談する。**

誰にでも予期せぬことは訪れます。障害や病気のある利用者であれば生活に直結する可能性があるため慌てます。相談支援専門員も突然、緊急の相談を受けると慌ててしまうでしょう。まずは**落ち着いて情報収集をすすめてください**。そのうえで自治体に速やかに相談しましょう。その際、できる限り簡潔に情報を整理して、利用者が置かれている現状（事実）を伝え、具体的にどうするかを自治体の担当者と一緒に検討しましょう。誰にでも急なことが起こることは自治体の担当者も理解してくれています。できるだけ落ちついた状態で、かつ正しい情報から検討しましょう。

## Q53 計画の軽微な変更の場合

### 軽微な変更とは、どのような変更のことを指すのか？

**A 例えば「通所日が月曜日から火曜日に変更」など計画内容が大幅には変わらないことを指す。**

利用者の日々の暮らしは刻一刻と変化しています。病状によって、サービスの支給量は変わらずとも利用日数を変更することがあると思います。そのような場合が「軽微な変更」に該当します。計画の

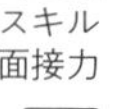

変更については自治体の考え方やルールを尊重してください。また、**日数が変わるのに本当に利用者のニーズが変わっていないかどうか**は注意が必要です。変更するということは利用者自身の置かれている状況や背景も変わっているはずです。その部分を見落として「軽微な変更」と決めつけてしまうことはよくありません。あくまで利用者の状況を総合的に捉えることが必要です。

## Q54 計画をサービス提供事業所に渡す

### 作成した計画書は、サービス提供事業所にも渡したほうがよいのか？

**A 計画と個別支援計画は、互いに密接に関連するものなので事業所間で共有することが望まれる。**

計画を作成したら利用者に交付します※。また支給決定する際に自治体に提出することで自治体にも計画を確認してもらうことができます。他機関と計画を共有すると同じ目標を共有したうえで支援を展開することができるようになります。**共有することで支援の幅が大きく広がります。**

作ったものを誰かに見てもらうことは勇気が必要です。でも、本来支援者たちが利用者に対して力になりたいと思っていることについては共通しているはずです。計画をツールにして、その思いを共有することから支援機関同士のつながりはより強固になります。それこそが利用者本人にとって一番喜ばしいことです。

※ 障害者の日常生活及び社会生活を総合的に支援するための法律に基づく指定計画相談支援の事業の人員及び運営に関する基準（平成24年厚生労働省令第28号） 第15条第２項第13号

## Q55 解決すべき課題の優先順位の付け方

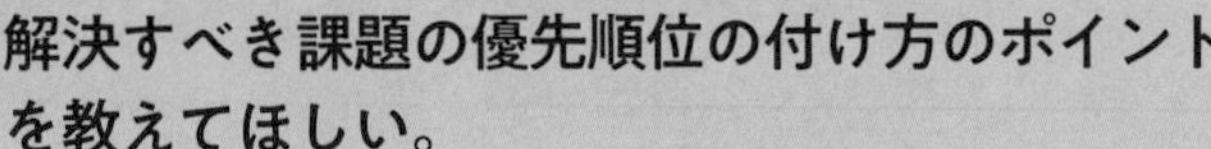

### 解決すべき課題の優先順位の付け方のポイントを教えてほしい。

**A 計画は利用者本人のものなので、利用者本人と一緒に決めることが重要。**

解決すべき課題を設定する際には利用者との共有が必要です。いろいろと課題はありますが、まず何から取り組みたいか、何を解決させたいのか、その答えは利用者自身にあります。ただ、言葉だけで聞き出すことは大変難しいことです。なぜなら利用者自身も何から解決すべきか理解できていない場合があるからです。その際は利用者の年齢相当の社会経験が保証されているかという視点から解決すべき課題を提案しながら、あくまで**利用者の意思を尊重しつつ優先順位を設定すること**が重要です。

また、相談支援専門員だけで答えを導き出すことにこだわらず、家族や相談支援以外の支援者の考えや思いに耳を傾けることから優先順位を導き出すヒントが得られるかもしれません。

## Q56 介護保険サービスとの併用

### 介護保険サービスを併用して利用する場合、介護支援専門員と相談支援専門員の役割はどのようになるのか？

**A 事前にしっかり話し合ってお互いの役割を明確にする。**

利用者のそれまで歩んできた人生や生き方は個々によってさまざまです。まずはその人の今までの人生を尊重しましょう。そのうえで今後どのようなかかわりが必要か、それに対して支援者に何ができるか、何をしていくのか考えることが必要です。そのため個々の事例によって支援者はさまざまな役割のもち方がありますが、例えば、障害福祉サービスを単体で活用する場合でかつ介護保険サービスを複数活用するようなケースは介護支援専門員の作成するケアプランのみに記載したほうが利用者にとってわかりやすいです。一方で障害福祉サービスも介護保険サービスも複数活用し、支援者も混乱が予想されるようなケースの場合は「サービス等利用計画との併用」を行うことで利用者はもちろん、支援者も混乱せず、支援体制を構築することができます。もちろん併用する際は支給決定を行う自治体への事前相談を行うことが望ましいです。

介護支援専門員は高齢分野の専門家です。相談支援専門員は障害分野の専門家です。お互いの強みを活かして、お互いにできることを話し合うことからそれぞれの役割分担は整理されていくでしょう。地域では日頃から高齢分野の専門家と障害分野の専門家が同じ時間を共有するような機会が保障されていますか。そのような取り組みが地域に根付いていると連携は格段に取りやすいものです。

## Q57 介護保険への移行

**65歳になり介護保険に移行する場合の手続きや介護支援専門員へのつなぎ方について教えてほしい。**

### A 利用者が満65歳になる遅くとも半年前から協議しておくことが必要である。

利用者が満65歳になる直前ではなく、**遅くとも半年前**から担当地区の地域包括支援センター職員や介護支援専門員等と情報共有しておくことが必要です。その際にはもちろん利用者の同意が必要です。情報を共有し、問題点や課題がどこにあるか、できる限り明確にしておくと利用者も安心できます。その際に「居宅介護支援事業所等連携加算」を算定することが可能です。加算の算定には必ず自治体と協議しておくことが必要です。

## Q58 地域移行支援、地域定着支援を実施する場合

**一人の相談支援専門員が、地域移行支援、地域定着支援も併せて担当する場合、計画作成のポイントがあれば教えてほしい。**

### A 利用者が理解できる計画であること。

地域移行支援時のチームの見立てを、地域定着支援の支援時に活かせるよう、それぞれの目標や役割が地域定着支援への切り替え時の計画にどう移行または変更されているかを明確にすることで、計画に連続性が生まれ利用者にとってわかりやすい内容になります。

また、利用期間がそれぞれで違うため、地域移行支援時と地域定着支援時の**終了期間について利用者に伝わりやすい計画作成**が必

要です。必要に応じて延長となる場合もありますが、地域定着支援については終了を見据えて、利用者が理解および納得できる目標設定をすることが計画作成時のポイントになります。

## Q59 個別支援計画との違い

## 計画と個別支援計画の違いは？

**以下のとおりである。**

相談支援事業所が作成する計画は障害福祉サービスをはじめとした利用者への支援を総合的に捉えた計画であり、一方、個別支援計画は、計画に位置づけられた障害福祉サービスについて、各サービス提供事業所において提供する具体的な支援を示したものです。

「計画」は利用者を総合的に捉えた計画で、「個別支援計画」はより具体的に支援を提供する計画ともいえます。

「個別支援計画」はサービス管理責任者や児童発達支援管理責任者らが作成し、利用者の課題や目標に対して、より明確で具体的な支援について計画します。一方、相談支援専門員は利用者を総合的に捉えて計画を作成し、この計画の総合的な支援の方針に沿って、「個別支援計画」は立てられ、必然的に**計画と個別支援計画は密接に関連するもの**となります。したがって相談支援専門員は、各サービス提供事業所において相談支援の役割を担うサービス管理責任者や児童発達支援管理責任者と日頃から連携を進めておくことが望まれます。

## Q60 教育プランの活用

## 学校には個別の教育支援計画や指導計画があるが、どのように活用すればよいか？

**相談支援専門員も学校の教職員も子どものよりよい育ちに対して貢献したいという思いは同じ。**

子どもと保護者はさまざまな機関から計画に基づいて教育や支援

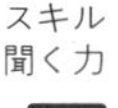

見立て
手立て

を幅広く受けています。内容は違えども、**子どものよりよい育ちを願っていることに対しては共通**しています。計画を共有することが叶えば、さらに子どもへのよりよい育ちへとつながる可能性があります。稀に家族が計画（教育プラン）をもらったままで見ていない場合や立案されている計画内容を忘れている場合があります。できることならモニタリングなどの平時の際に改めて確認することが望ましいですが、困りごとや心配なことが生じたときにも計画を見直すよい機会かもしれません※。

※〔参考〕Q31「学齢期のアセスメント」を参照（p.24）。

## Q61 災害時の避難計画

### 災害時の避難計画を計画にどのように記載すればよいのか？

### A 「備考欄」を活用して、利用者がわかる言葉や表現で思いつく範囲から明記する。

近年、日本各地で災害が頻発しています。そのため利用者の防災への意識も高まってきています。災害対策基本法も改正され、自治体は個別避難計画の作成が努力義務として求められています。過去に利用者が、いざ有事の際に避難しようとしたら避難先がわからなくて安全に避難できなかったというケースがありました。相談支援専門員は利用者と定期的なかかわりをもつことができます。計画やモニタリングの様式の「備考欄」を有効に使って、例えば、**避難経路や有事の際に頼る方の連絡先などを明記**しておくことで有事への備えにつながります。

利用者と支援者間で個別避難計画を共有するだけでも災害へのセーフティーネットはより強固に構築されます。

# Q62 計画を変更するタイミング

## 支給決定後のサービス担当者会議で、プランの内容が変更になった場合、または変更になりそうな場合、支給決定後でもすぐに変更したほうがよいのか？

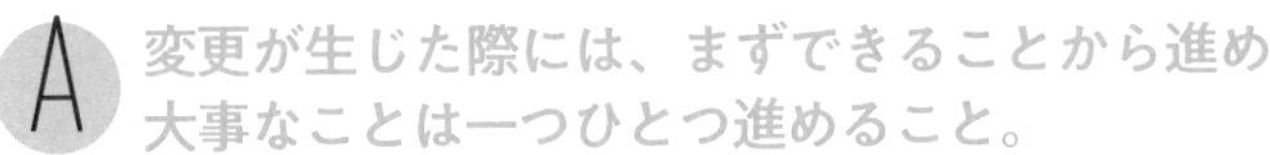

**A 変更が生じた際には、まずできることから進め、大事なことは一つひとつ進めること。**

できる準備を万全にして利用者本人の署名を得たのに、担当者会議の結果、変更することになった場合、相談支援専門員の心境は複雑だと思います。まずは**速やかに対応すべきことを整理**しましょう。そして一つひとつ進めていきましょう。プランナーの対応が遅くなると利用者だけでなく、支援機関も混乱します。相談支援専門員は利用者だけでなく、多職種連携の主たる存在であることを忘れないでください。

# Q63 計画のセルフチェック

## 計画をどのような視点でセルフチェックしたらよいか？

**A 「サービス等利用計画評価サポートブック」が活用できる。**

平成24年度厚生労働省障害者総合福祉推進事業で取り組んだ「サービス等利用計画の評価指標に関する調査研究」として日本相談支援専門員協会が作成した**サービス等利用計画評価サポートブック**※には具体的なチェックポイントと計画のどこをチェックすればよいかが示されており、チェック箇所を確認しながらセルフチェックすることができます。セルフチェックすることから気づくことも多くあります。ぜひ活用してみてください。

※ 「サービス等利用計画評価サポートブック」（平成24年度厚生労働省障害者総合福祉推進事業「サービス等利用計画の評価指標に関する調査研究」）

## Q64 計画作成の質の向上①

### 計画を誰かにチェックしてもらい、アドバイスをもらいたいが、一人事業所のため相談できる人がなく困っている。

### A お住まいの地域に設置されている「基幹相談支援センター」に相談する。

「基幹相談支援センター」が設置されている自治体も増えてきました。なかにはモニタリング検証を行う基幹相談支援センターも存在しています。基幹相談支援センターにどのような機能や役割をもってもらうかを考えるのは設置している自治体だけでなく**地域で活動している相談支援専門員の声**も大変重要です。設置されている自治体の基幹相談支援センターは積極的にそのような役割を果たすべきです。

ただ稀に「基幹相談支援センター」への不満や愚痴も存在します。そのような場合はどういった機能をもってもらうか地域で改めて話し合い、議論することが大切です。

また、令和３年度障害福祉サービス等報酬改定で「機能強化型サービス利用支援費（Ⅰ）・（Ⅱ）・（Ⅲ）・（Ⅳ）」も創設されています。地域の事業者が仲間になることで、相談できない環境を解消することが期待されています。ぜひ検討してみてください。

## Q65 計画作成の質の向上②

### 行政の担当者に見てもらい、スムーズに支給決定してもらえる内容にするためには？

### A 計画を見る行政の担当者の立場に立って、できるだけ具体的でわかりやすい計画を作成する。

稀に行政の担当者から「何日で何時間の支給決定をしたらよいのかわからない」という声を聞くことがあります。できるだけ具体的に、例えば「家事援助・○時間」や「生活介護・○日」といったように、**具体的な事業名や日数をはっきりと記載**しましょう。また普段から支給決定担当者と意見交換を行い、お互いの悩みや困りごとを共有できる機会や場を設けていることも大変重要です。そのためには自治体はもちろんですが、委託の相談支援事業者や基幹相談支援センターが積極的にそのような場に入り、議論することが必要です。

## Q66 訪問看護と精神科訪問看護の違い

**訪問看護と精神科訪問看護には手続きや支援内容に違いはあるのか？**
**また、計画にはどのように記載すればよいか？**

**A 指示書を必要とするため、主治医や医療ソーシャルワーカー（MSW）等に相談する。**

**表1-1　訪問看護と精神科訪問看護**

| | 訪問看護 | | 精神科訪問看護 |
|---|---|---|---|
| 適応保険 | 介護保険※ | 医療保険 | 医療保険 |
| 利用対象 | ・要介護や要支援の認定を受けた65歳以上の人<br>・要介護や要支援の認定を受けた40歳以上65歳未満で16特定疾病の人 | ・40歳以上で要介護・要支援の認定を受けていない人<br>・40歳未満の人（特に重い病気の場合、要介護・要支援の認定を受けていても特例として利用できる場合がある） | ・服薬や通院の中断（医療の中断）が予測され、再発・再入院を繰り返す人<br>・長期入院などにより、社会性が低く退院後も日常生活への支援が必要な人<br>・単身生活者などで家族からの支援を受けられず、訪問による支援が必要な人、または、治療上単身生活が好ましいため、単身生活する人等 |
| 医師の指示書 | 訪問看護指示書 | | 精神科訪問看護指示書 |
| 構成 | 看護師<br>理学療法士<br>言語聴覚士　等 | | 看護師<br>作業療法士<br>精神保健福祉士 |
| 支援内容 | 健康の維持・回復<br>苦痛の緩和<br>生活の質（QOL）の向上 | | 退院前訪問<br>生活指導<br>病状の経過観察<br>心の状態の観察・ケア<br>対人関係の調整<br>社会資源の活用の助言<br>家族支援 |

（注）基本的に要介護や要支援の認定を受けている場合は、公的介護保険が優先されます。

## Q67 他市町村に転居する場合

## 利用者が転居することになったが、計画の引き継ぎや手続きなど、どのように対応したらよいか？

### A 速やかに、転居先の相談支援事業所等に移管の相談をする。

利用者本人や家族の承諾を得て、転居先の行政や相談支援事業所等に、本人の利用するサービスや求める支援者像、生活の状況を伝え、適する指定特定相談支援事業所の紹介を受けます。

指定特定相談支援事業所の相談支援専門員に、支援の引き継ぎ依頼をし、アセスメントや「計画」、モニタリング報告書等を用いて情報提供し、転居後に、希望するサービスを引き続き利用できるよう調整します。

「障害支援区分」の判定がされている場合は、転出時に「障害支援区分認定証明書」の交付を受け、転出地の障害福祉サービスを担当する部署に申し出ることを本人に助言します。なお、この手続きは、「行政移管」として、担当部署の係員が転出先の福祉担当部署に情報提供を行うため、転出の予定が決まった場合、できるだけ速やかに報告します。

## Q68 “直B利用”に関連したアセスメント実施における就労移行支援事業の利用

## 就労移行支援事業の利用に際して、計画にはどのように記載したらよいか？

### A 描く将来像を記載する。

就労移行支援事業所で受ける就労アセスメントは、就労継続支援B型利用の「可否」を判定するためのものではないことを、しっかり認識する必要があります。

就労移行支援事業所が、利用者本人のニーズや就労の可能性に着目したアセスメントが実施できるよう、本人が描く就労や生活のイメージが伝わるような「計画」を作成しましょう。

就労や生活に関するセルフチェック（自己評価）等の結果を記載すると、本人の求めている将来像を支援者が共有しやすくなります。また、在学中であれば、「個別の教育支援計画」や、学校での様子を担当教諭に確認し、知り得た情報を踏まえ「計画」を作成すると、就労アセスメントがより具体化しやすくなります（→Q33参照(p.26)）。

## Q69

**日常生活用具の利用や住宅改修を行う場合**

**日常生活用具や住宅改修を行う場合、計画作成や手続きはどのようにしたらよいか？**
**また、相談支援専門員としてどのようなサポートをしたらよいか？**

### 専門的に取り扱う業者やセラピストの助言を受ける。

日常生活用具や住宅改修は地域生活支援事業につき、市町村の確認が必要です。一覧等を作成している市町村も多いので、事前に入手しておくとよいでしょう。これまでの給付の有無を確認し、給付歴がある場合は、利用者本人に耐用年数を伝えます。

身体の状況から必要とする用具や住宅改修を検討しますが、その際、住環境コーディネーターや在宅訪問の理学療法士等の専門職の助言を受けましょう。入院中であれば、理学療法士や作業療法士に、“退院前自宅訪問”で助言をしてもらえないかと、相談するとよいでしょう。

メンテナンスや評価等で、継続的なサポートを受ける必要があるため、「計画」には、福祉用具担当者として記載します。

時に、福祉用具を購入後に、助成金の給付申請を希望される利用者がいますが、手続きとしては、購入前に市町村窓口に申請し、主治医の意見書や見積書、パンフレット等の提出が必要であることを、利用者本人や家族に必ず伝えてください。

知識

価値

考え方

権利擁護

スキル
面接力

スキル
情報収集

スキル
聞く力

スキル
つながる

スキル
つなげる

ルール

運営
経営

見立て
手立て

# サービス担当者会議・多職種連携

## Q70

担当者会議を開催するタイミング

**担当者会議は、支給決定前に開催してもよいか？**

**A 本来、支給決定後に開催する。**

しかし、月末に受給者証が届くなど、担当者会議を開くまでの期間が短く、会議の調整が困難である場合も想定されます。その場合は、支給決定前に開催することもできますが、計画案と異なる支給決定内容であった場合は、再度会議の開催が必要です。また、支給決定後は利用者本人の同意（署名）のある「計画」の写しを、各事業所の担当者に交付する必要があります。

## Q71

担当者会議の準備

**担当者会議を開催するにあたり、計画案や資料のほかに準備しておくべきことがあれば教えてほしい。**

**A 自治体のルールや「計画案」に記載された支援の詳細にかかる資料。**

「交付された受給者証の写し」を準備することや、やむを得ない理由で会議に参加できない支援者には、意見照会をして、参加者に伝えることができるよう準備することは基本としてください。

通所系サービスを利用するときは、送迎車の停車場所を確認できるよう、「自宅周辺の地図」を準備することや、利用時に必要な「持ち物一覧」等を事前に準備すると、支援する皆が共有できます。また、在宅サービスで支援を受ける際、「ゴミの回収カレンダー」や「集積場が確認できる地図」等を準備し､会議で共有すると支援がスムーズに開始されます。

複数の担当者が集まる会議では､「駐車場の確保」も必要です。駐車違反や近隣住民や店舗等の迷惑とならないよう、利用者本人や家族の承諾を得て、会議開催場所付近に駐車場を確保し、事前に周知しておくとよいでしょう。

## Q72 担当者会議の利用者本人・家族の出席について

### 担当者会議には、必ず本人が出席していたほうがよいか？

**必ずしも必要ではない。**

運営基準※における担当者会議は､「相談支援専門員が計画案に位置付けた福祉サービスの担当者を招集し、当該サービス利用計画案の内容について説明するとともに、担当者から、専門的な見地からの意見を求める」とあります。よって、本人や家族の出席は必ずしも必要ではありません。

しかし､「計画」は、本人が望む生活の全体像を示すものであり、担当者会議で想いを共有するために、本人や家族が出席することが望ましいと考えられます。

※　障害者の日常生活及び社会生活を総合的に支援するための法律に基づく指定計画相談支援の事業の人員及び運営に関する基準（平成24年厚生労働省令第28号）　第15条第２項第11号

知識

価値

考え方

権利擁護

スキル
面接力

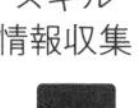
スキル
情報収集

スキル
聞く力

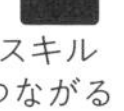
スキル
つながる

スキル
つなげる

ルール

運営
経営

見立て
手立て

## Q73 インフォーマルな支援の担当者

### インフォーマルな支援の担当者も出席してもらったほうがよいか？

A 可能な限り、出席を求める。

Q72にもあるように、「計画」は、利用者本人が望む生活の全体像を示すものであるため、インフォーマルな支援の担当者も、会議の参集範囲として考えるとよいでしょう。

会議への出席がない場合でも、担当者会議を踏まえ作成した「計画」を担当者に交付することで、本人の想いや担当者の役割を共有できるようにしましょう。

## Q74 担当者会議への医師の参加

### 担当者会議で担当医にも出席してもらい、助言や意見をもらいたいが、出席してもらえるものか？

A 可能。

あらかじめ、担当者会議の目的や、担当者会議で担当医に求める意見等を明確に伝えること、また、担当医が指定する場所や時間に担当者会議を開催する等の工夫をし、出席の依頼をしてみてください。時に、利用者本人や家族からも担当医に出席の依頼をすることで、担当医が出席する会議をスムーズに調整できることもありますので、本人や家族とも相談をするとよいでしょう。

# Q75 複数のサービスを利用している場合 

## どこまでの情報を集約する必要があるか、また会議は必ず全員出席が必要か？

**利用者本人のストレングスや課題の抽出につながることは集約し、会議で共有する。**

二次アセスメントやモニタリングで聴取したことで、共有したいストレングスや、獲得できたことなどを集約します。

客観的な評価が肯定的側面であれば、追い風となり、本人や家族の生活の幅が広がります。また、課題の抽出等から、担当者が工夫できることを検討するきっかけとなり、個の課題から地域課題へと広がり、地域づくりへとつながるため、可能な限り、会議への出席を依頼しましょう。

なお、会議へ出席できない場合は、**文書で意見をもらうこと**で代替します。

# Q76 担当者会議内で共有

## 基本的に共有すべきことは、利用者本人の希望・意向・ニーズ、支援目標等の記載事項であるが、その他、共有しておくほうがよい事項は？

**「計画」に記載される支援の詳細等。**

「モニタリング実施期間」、利用料のほかに実費となる「移動支援利用時の交通費」「食事代」、ゴミ収集曜日や回収時間、地区住民との関係性や民生委員児童委員とのかかわり、緊急時連絡先、災害時の避難先・ルート（個別避難計画）等。

また、定期的な会議を必要とする場合は、次回の会議日程も共有するとよいでしょう。

知識

価値

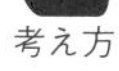
考え方

権利擁護

スキル
面接力

スキル
情報収集

スキル
聞く力

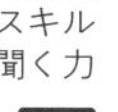

スキル
つながる

スキル
つなげる

ルール

運営
経営

見立て
手立て

# Q77 担当者会議の開催場所

## 担当者会議は、通常、相談支援事業所の会議室で開催しているが、他の場所で開催してもよいか？

### A 開催場所の定めはない。

介護等給付の居宅介護を受けるとき、自宅で担当者会議を開催することで、担当するヘルパーには、利用者本人の生活の全体像を捉え、専門的な見地から意見を述べていただきやすくなります。また、通所系サービスを利用するときは、相談支援専門員が事業所の雰囲気を感じ取る機会も得られることや、他のサービスの支援員等も、本人が日中に過ごす場所を知るための機会となるため、利用するサービス種別によって、開催場所を検討するとよいでしょう。

本人にとって、主となるサービス提供事業所での開催を検討することや、多職種が集まる担当者会議では、駐車場の確保等も鑑み、出席する支援者が集まっていただきやすい場所を調整することも、大切なポイントです。

# Q78 サビ管・児発管が主催する個別支援会議との違い

## サービス管理責任者や児童発達支援管理責任者の主催で実施する個別支援会議との違いは？

### A “つなげる会議”と“深める会議”の違い。

「担当者会議」は多職種と総合的な支援の方針を踏まえ情報共有をする **“つなげる会議”** と捉え、「個別支援会議」は、それぞれのサービス提供事業所での支援を **“深める会議”** と捉えるとそれぞれの会議の趣旨が整理しやすくなります。

## Q79 会議進行

## 会議の進行が苦手なのですが、準備や進行のコツがあれば教えてほしい。

### A 会議は準備が大切。

物理的な環境を整えること、例えば、「ロの字形式」では距離感があり、緊張感が生まれ、発言しづらくなることもあります。

緊張を和らげるために、距離が近く感じる「対面形式」や、あえて机を挟まず円形にいすを並べ、会議を進行する方法も、距離感が縮まり、発言しやすい雰囲気になります。

会議の進行スケジュールを作成し、**会議の目標を達成するための要点と合わせて視覚的に整理しておくこと**で、話題がぶれることを防ぐことや、ポジティブな発言を引き出すことができます。

また、事前に各関係者それぞれと打ち合わせを行い、意見を述べていただくことを確認するなど、**下準備しておくことで、進行の焦りを軽減すること**ができます。

会議は“慣れ”もありますが、ファシリテーション関連の書籍を参考にしたり、ファシリテーションのスキルを学べる研修に参加するとよいでしょう。さらに、会議の進行が上手な方をまねることや、日常に行われるようなミーティング等の司会を率先して行い、進行の練習をすることも、会議のコツをつかむことに有効です。

## Q80 意見をまとめていく

## 意見が多岐にわたり、なかなか意見がまとまらない場合、どのようにすすめればよいのか？

### A 意見の可視化をする。

付箋やホワイトボードを活用し、参加者の考えや思いを共有することで、自身にない視点に気づくことや、それぞれに行ってきた工夫をお互いに認識することにつながり、建設的な意見を集約していくことができます。

意見がまとまらず衝突（コンフリクト）が生じた場合でも、それぞれが大切にしていることを聞き、**“説得”ではなく“納得”をして会議を終える**ように意識して進行しましょう。

どうしても意見がまとまらない場合は、利用者本人や家族の想いを再度伝え思考をリセットすることや、一度の会議で無理にまとめようとせず、“次回に持ち越すこと”も考えましょう。

## Q81 担当者会議の撮影や録音

### 担当者会議の内容を記録、共有するために撮影や録音をしてもよいか？

### A 参加者全員の許可を得る。

本来、メモや撮影、録音には相手の承諾は必要ありませんが、その事実を、後で相手方に知られることになったら、心情的に怒りを覚えることもあるでしょう。

感情的な行き違いを防ぐため、撮影や録音の目的を伝え、あらかじめ許可を得るのが賢明です。また、保存や管理方法等についても、事前に報告・了解を得るとよいでしょう。

撮影や録音の目的は、①記録・備忘、②整理、③証拠などがありますが、③を目的としたとき、感情論とならないよう伝え方に十分な配慮を必要とします。

## Q82 担当者会議後

### 担当者会議終了後に、相談支援専門員が行うことは何か？

### A 「計画」の交付と情報共有。

担当者会議を踏まえた計画の内容について、利用者またはその家族に対し説明し、文書により利用者等の同意を得なければなりません。「計画」を作成した際には、利用者等および「計画」に位置づけた当該サービス担当者に交付※します。

会議欠席者に、簡潔に記録した書類を渡すことも忘れず、詳細を共有すべきときは、記録を用い、可能な限り口頭で説明しましょう。

※　障害者の日常生活及び社会生活を総合的に支援するための法律に基づく指定計画相談支援の事業の人員及び運営に関する基準　第15条第2項第13号

## Q83 地域移行支援会議（地域移行支援） 

### 地域移行支援会議を実施するうえで、サービス担当者会議との違いやポイントを教えてほしい。

### A 地域移行支援計画を共有する会議。

地域移行支援計画は、「計画」の総合的な方針を踏まえて、地域移行支援の具体的な支援内容等を記載した個別支援計画です。

他の福祉サービスと同様に、地域移行支援は個別給付であるため、地域移行支援を実施する「指定一般相談支援事業所」が作成する地域移行支援計画は、個別支援計画に相当するものと認識してください。よって、地域移行支援会議は、Q78と同じ取り扱いとして、支援の進捗状況の報告・共有や、課題解決を目的に開催する会議です。

地域移行支援会議の開催回数の規定はありませんが、支給決定期

**表Ⅰ-2　一般的な地域移行支援の流れ**

| | |
|---|---|
| 初期 | ・利用者の具体的な意向の聴取や、精神科病院、入所施設等の関係者との個別支援会議の開催等を踏まえ、地域移行支援計画の作成。<br>・信頼関係の構築や退院に向けた具体的イメージづくりと、利用者本人や家族等への情報提供等。 |
| 中期 | ・不安解消や動機づけの維持のための訪問相談。<br>・地域生活の社会資源や公的機関等の見学、障害福祉サービス事業所の体験等の同行。<br>・一人暮らしやグループホームの体験宿泊、自宅への外泊の調整、同行。 |
| 終期 | ・住まいの確保、契約等の調整、同席。<br>・家財や生活用具等、必要物品の購入の同行。<br>・住所変更等、行政手続きの同行支援。 |

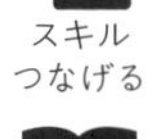

見立て
手立て

間が6か月間であることから、初期・中期・終期と、最低でも3回は状況を共有できるよう会議設定をするとよいでしょう。

## Q84 オンラインによる面接や担当者会議の実施

**オンラインでの面接や担当者会議の開催を検討しているが、実施にあたり留意すべき点などがあれば教えてほしい。**

### A オンライン会議のメリットとデメリットを知る。

オンライン会議等の活用には、会議参加のための移動や手間を省けたり、多様な働き方の実現や、業務継続計画（BCP）対策等と、メリットが多くあります。一方、通信状況によって会議が中断したり、参加者の雰囲気や表情がつかみにくいこと、意見を求める会議では、進行係の力量に左右されるなど、デメリットもあります。

会議の内容によっては、対面のほうがコンセンサスを図りやすいこともありますので、開催にあたっては、オンラインか対面か、どちらが有効か検討してください。

機器の操作に慣れていない人や、事前にメールで送付した資料の見落とし、チャット機能で提供した資料などのダウンロードができないなど、会議進行に必要な資料を見ることができない可能性を想定し、配信確認等の準備をしましょう。

また、令和3年度の報酬改定で「報酬算定上必要となる委員会等、身体的接触を伴わない又は必ずしも対面で提供する必要のない支援について、テレビ電話装置等を用いた支援が可能である」ということが明確化されました。

# Q85 親子ともに支援を要する場合（8050問題）

## 計画相談支援の対象者の親が要介護状態で、家族、生活全般に問題がある場合、介護支援専門員などとの連携はどのようにすすめたらよいか？

### A 多職種協働を意識し、各機関の専門性を発揮する。

8050問題、ダブルケア問題など世帯内での複合課題の解決は、各支援機関と連携しつつ、お互いの役割や制度について理解し、それぞれがもつ専門性から、協働していくことが大切です。

主に連携する機関として、地域包括支援センターを中心とした高齢分野、ひきこもり地域支援センターや自立支援相談窓口、自治体の高齢福祉課や障害福祉課などがありますが、他人の訪問を拒むケースがあることを認識し、訪問や支援を強制することは避け、支援者が状況を共有しながら焦らずアプローチをしましょう。

親の介護と子どものひきこもりは別々に考え、それぞれの専門機関がはたらきかけ、個別のケア会議等で情報を共有することが、理想的な支援方法です。

また、社会福祉法に基づき令和3年4月より実施されることになった新たな事業である**重層的支援体制整備事業**※の活用も有効です。

※　社会福祉法（昭和26年法律第45号）第106条の４～第106条の６

# Q86 学校との連携

## 学校との連携が必要であると感じているが、会議を開催しようとするものの、空いている時間が合わないことが多い。何かいい方法があれば教えてほしい。

### A 風通しのよい関係づくりを心がける。

教育も福祉も、利用者本人にとって最善を尽くすことを共通の価

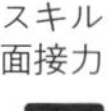

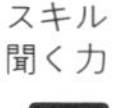

値としていますが、それぞれの専門性によって、問題の捉え方や判断の内容と根拠は異なることが多く、また、学校側はどのように連携したらよいかわからないという声もあります。

連携や会議の目的を明確に伝えることや、「計画案」の立案には現状把握と根拠が必要であることから、『個別の教育支援計画』を参考にさせてほしいことを、懇切丁寧に伝えましょう。

相手の立場や状況を理解し、無理な会議調整は行わず、複数の候補日や時間を、学校側から指定してもらうことも有効です。

風通しのよい関係構築や、顔の見える関係づくりのために、「相談員への学校開放デー」を設けてもらえるよう、基幹相談支援センターや他の相談支援専門員と協働し、学校にはたらきかけることも地域づくりの一つです。

## Q87 学童保育室などとの連携 

### 学童保育室などを利用している児童については、学童のスタッフと連携したほうがよいか？

### A 子どもたちの生活の連続性の視点から連携は重要。

学童保育室などには、平成27年度の子ども・子育て支援新制度の施行に伴い創設された資格、**放課後児童支援員**が、子どもたちの成長を見守るプロとして、配置されています。

子どもたちは、年齢が異なる子との集団活動を通じて、協調性や社会性が育まれ、意外な一面を見せることもあります。相談支援専門員が、保護者や学校と連携するための新たな気づきや発見を得ることもできますので、保護者の承諾を得て、可能な限り学童のスタッフとの連携をはかりましょう。

その際、子どもたちが集まる時間や長期休暇中等は、連絡する時間等に配慮することも忘れないようにしましょう。また、保育所等訪問支援事業※も利用できますので、ニーズや状況に合わせて検討してみてください。

※　児童福祉法（昭和22年法律第164号）第21条の５の２

## Q88 幼稚園や保育所との連携

### 幼稚園や保育所と連携した経験がないが、どのようにすすめていけばよいか？

### 自身をコーディネートしてくれる人と協働する。

子育て支援センター等の保健師や、巡回支援専門員の協力を得て、幼稚園や保育所とコンタクトをとることや、時に、保護者より連絡をしてもらうと、スムーズに連携が図れることもあります。また、Q87「学童保育室などとの連携」と同様に、保育所等訪問支援事業の利用が可能です。その場合は、訪問支援員との情報共有や、可能であれば訪問に同行し、幼稚園・保育所との連携や子どもの理解を深めていくことも考えていきましょう。

## Q89 医療機関との連携

### 医療機関との連携で留意しておくべきポイントがあれば教えてほしい。

### 異なる専門職文化を意識し過ぎない。

医療機関との連携は、知識や価値観など専門職文化の差異を強く感じることもあります。しかし、近年では地域や在宅医療への取り組みなどがすすみ、医療機関から相談支援専門員に連携を求められることもあり、いわゆる“壁”が低くなり連携は図りやすくなりました。

利用者本人や家族の承諾や医療機関の許可を得て、受診に同席し、主治医や医療スタッフと顔の見える関係づくりをしておくことは、その後の連携に有効です。また、本人の生活や心身の状態がわかる資料を作成し、受診時、主治医等に情報提供をすることで、**相談支援専門員の存在や専門性が認められるよう**、日々の努力も心がけましょう。

医療機関が求める情報を把握し、過不足のない情報提供（本人や家族の意向・現在利用するサービスの種類と内容・服薬状況・療養

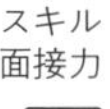

見立て
手立て

環境・可能な経済的負担額等）を心がけ、主治医が比較的コンタクトを取りやすい時間や、面会のルール、診察、処置、食事の時間といった、“病院の時間の流れ”なども、あらかじめ確認しておくこともポイントです。

## Q90 行政との連携

**障害担当課のケースワーカーと、どのようなケース、場面で連携していけばよいか？**

### A 教育、医療、法務等関係機関の横断的な支援が必要なケース。

例えば、重複する生活課題があるケースや、多問題家族への支援、医療ケアを必要とするケース、災害時等の要援護対象事例等は、行政の担当者に連携を求めるとよいでしょう。

多職種が集まる担当者会議や、危機介入を想定したプランを作成する場面では、行政の意見を求めましょう。また、虐待の疑いのある場合や生命の危機があるなど、実際に危機介入が必要な際も、行政との連携により対応を検討していきましょう。

## Q91 関係機関との意見の違い

**関係機関と意見が合わずにぶつかってしまうことがある。そうならないためにはどのようなことを意識すればよいか？**

### 意見の食い違いは、問題解決につながる。

意見の対立や衝突（コンフリクト）が生じたときに大切なのは、“お互いが協調し合える案を探す”ことです。

対立を避けたいという思いや相手の立場への配慮や遠慮から、発言や提案をあきらめてしまうことも少なくありませんが、**意見の食い違いは、問題を解決するきっかけになる**という考えもあります。

多職種間で出された意見から、どこに見解の違いがあるのかなどを共有し、チームとして解決のための方針を検討していくことが求められますが、このとき、利用者やその家族の希望や意向をチーム全員で理解し、利用者や家族が中心であるという前提を共通認識としましょう。多職種で倫理的な判断をする場では、それぞれの職種が拠り所とするものがあることを理解しておくことも必要でしょう。

## Q92 主治医と関係機関の方針に相違があるとき 

### 主治医と相談員、関係機関の見立てた方針に相違がある場合、どのようにすすめていけばよいか？

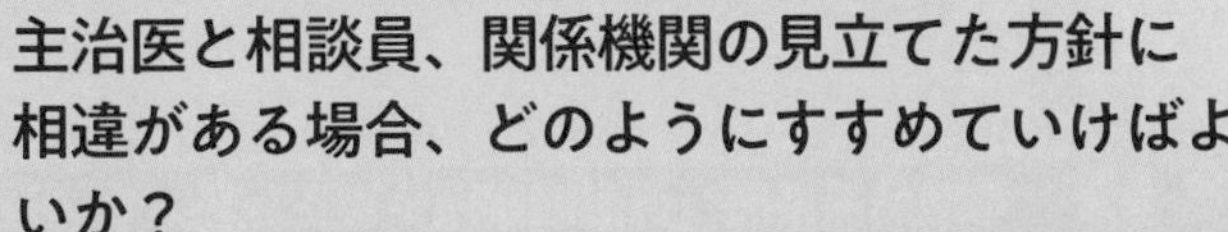

### A 利用者本人や家族が最も大切にしたことを共有する。

医療や福祉に関する専門知識・情報の保有量に多寡があること、また、それぞれの職種ごとに、教育を受けてきた環境や業務の指示系統等いわゆる「文化」が異なっていること、相互に理解する必要性の意識が低いことなどが、合意形成を阻む要因となっていることもあります。

お互いの文化を知り、方針の意図をしっかりと聴くことや、担当者会議や事例検討会を開催し、ICF※の視点で本人や家族の意向を確認していくと、共通言語が生まれ、課題解決へと方向性を整えることができます。

※「ICF」とは、2001年５月に世界保健機関（WHO）で採択された国際生活機能分類のことで、“生きることの全体像を示す共通言語”として、福祉だけではなく、医療や教育などの分野で活用されているものです。

## Q93 就労支援関係者との連携

### 一般就労に向けて支援を考えていく場合、障害者就業・生活支援センターやハローワーク等の関係機関とどのように連携したらよいか？

### A ストレングスに着目した情報提供を行う。

利用者本人の同意を得て、これまで作成した「計画」や、モニタリングで把握した“強み”の情報提供をします。また、相談員の主

知識

価値

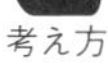
考え方

権利擁護

スキル
面接力

スキル
情報収集

スキル
聞く力

スキル
つながる

スキル
つなげる

ルール

運営
経営

見立て
手立て

観ではなく、就労へのアセスメントを実施し、本人が心配していることや、どのようなサポートが必要と考えているかを集約し、情報共有をします。

就労継続支援Ａ型やＢ型事業所、就労移行支援事業所の利用者は、得手不得手など、支援員からの客観的評価を書面などで情報提供してもらうことも、就労を支援する関係機関にとって有効な情報となるでしょう。

## Q94 司法関係機関（保護観察所や矯正施設）との連携

**保護観察官や保護司の指導、支援を受けている利用者の場合、連携するうえで気をつけるべきことがあれば教えてほしい。**

### A 個人情報保護を徹底する。

犯罪や非行を犯した人の多くは、治療や支援を受けながら生活を立て直し、社会の一員として暮らしていくことを望んでいます。しかし、再び犯罪や非行を重ねてしまう人もおり、こうした再犯者を減らすために、関係機関がそれぞれのもつ専門性からアプローチをし、“孤独”や“生活困窮”に至らないよう、まずは保護司との連携により今後の支援方針を検討していきましょう。

インターネットの普及で、容易に検索などによって利用者本人の素性が知れてしまうこともありますので、情報提供をする範囲は、本人や司法関係者と話し合っておくことが大切です。

社会復帰および地域生活の定着サポートを担う、「地域生活定着支援センター」との連携や協働も有効です※。

※　厚生労働省社会・援護局「地域生活定着支援事業実施要領」「地域生活定着支援センターの事業及び運営に関する指針」

## Q95 担当者会議や多職種連携におけるICTの活用

## 担当者会議や関係機関とのやりとりで、オンライン会議などを活用してもよいか？

**活用してよい。**

令和３年度の障害福祉サービス等報酬改定では、新型コロナウイルス感染症への対応にかかる障害福祉サービス等の臨時的な取り扱いについて、感染症や災害の発生時も含めた支援の継続を見据えて、運営基準や報酬算定上必要となる委員会等や、身体的接触を伴わない、または必ずしも対面で提供する必要のない支援について、テレビ電話装置等のICT等を活用した対応が可能になりました。

相談支援業務においては、「計画」の作成のために、福祉サービスの担当者で行われる会議や基幹相談支援センター等が実施する事例検討会等について、テレビ電話装置等を活用して行うことができます。

サービスの効率化の観点から、継続的なICT等の活用が推進されることも考えられますが、専門性を担保することは重要です。

## Q96 成年後見人等との連携

## 担当している利用者に成年後見人がついているが、どのように連携していけばよいか？

**意思決定支援のプロセスに参画してもらう。**

成年後見人は、利用者本人の希望する生活の代弁や、利用するサービスの契約等を代行します。よって、「計画」に位置づけられる支援者ですので、相談支援専門員は成年後見人等との連携により、意思決定支援を進める必要があります。

後見人等には、“後見業務”を円滑に進めるための情報、例えば、日常的に支援を行う支援員から聞き取った生活・体調・行動状況などを報告し、連携します。

報告は、対面のほかに、Q95のとおりICTを活用したり、モニタ

知識

価値

考え方

権利擁護

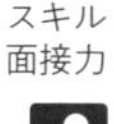
スキル
面接力

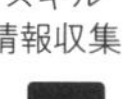
スキル
情報収集

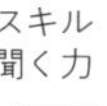
スキル
聞く力

スキル
つながる

スキル
つなげる

ルール

運営
経営

見立て
手立て

リング報告書等を用いてもよいでしょう。

保佐人や補助人とは、申立ての範囲内で家庭裁判所が定める「特定の法律行為」を確認し、付与される代理行為について、必要な場合は代行してもらうよう依頼、調整をしましょう。

# 5

# モニタリング



## Q97 モニタリング

### モニタリングとは何か。押さえておくポイントがあれば教えてほしい。

**A モニタリングは、定期的な状況確認。**

サービスの利用状況、生活状況に変化がないかなど、利用者、家族、サービス提供事業所、医療機関などから聞き取りをします。聞き取りした内容は、モニタリング報告書にまとめます。①サービスが適正に実施されているか、休みやキャンセルはないかなど、サービス利用にかかわること、②利用者、家族の生活状況、体調の変化、③ニーズが充足されているか、新たなニーズ、隠されているニーズはないか、を確認します。

生活状況の変化は、自宅の様子や持ち物、衣類、身だしなみ、表情を観察することでも把握できます。変化の要因、背景を探ることも重要になります。

## Q98 自宅訪問の必要性

### モニタリングの際は電話での聞き取りや確認ではなく、訪問したほうがよいか？

**A 原則は、自宅等への訪問。**

施設入所支援や共同生活援助等を利用している場合、医療機関に入院している場合は、施設、病院で実施します。訪問することで、生活状況の変化を感じとることができます。例えば、就労継続支援B型を利用し、工賃で好きなアイドルのDVDを購入し飾っているなど、サービス利用がやりがいや生きがいにどうつながっているかを確認できます。居宅介護を利用している場合は、部屋の片づけがどの程度できているかなどの生活状況等を確認できます。

ただ、利用者が障害・疾患について同居する家族に話していない場合や、同居の家族の理解が少なく、福祉関係者の出入りによい印象をもっていないこともあります。また、日中は就労しており、利用者が自宅に帰る時間が相談支援専門員の勤務時間と合わないこともあります。その際には、なぜ自宅に訪問できなかったかを、ケース記録に記しておきましょう。

なお、障害児相談支援の場合は原則自宅への訪問となっています。

## Q99 事業所訪問の必要性

**事業所への聞き取りは電話のみではなく、事業所に訪問しての聞き取りや実際に利用者本人の様子を確認したほうがよいか？**

**A 実際に訪問したほうがよい。**

作業への取り組み状況や事業所の雰囲気、他の利用者の様子等を見ることで、モニタリングでの聞き取り内容も深まります。どのような雰囲気でどのような活動をしているのかを把握していないと、利用者が気になっていることや、楽しんでいる内容を判断することが難しいこともあります。

また、自宅を訪問してモニタリングを実施するほかに、モニタリング月にサービス提供事業所に訪問した場合は、**サービス提供時モニタリング加算**を算定することができます。モニタリング報告書やケース記録に、事業所への訪問日時、加算取得の旨を記載すると、加算の挙証書類を作成する手間を省くことができます。

# Q100 関係機関からの聞き取り

## すべての関係機関から聞き取ったほうがよいか？

**すべての関係機関からの聞き取りを行う必要がある。**

「計画」は、利用者の24時間365日の計画となります。そのため、関係機関、可能であれば趣味の活動の利用状況も知ることで、利用者理解が深まります。聞き取りした内容は、モニタリング報告書にまとめます。そうすることで、関係機関が利用者の情報を等しく理解することが可能となります。

# Q101 サービスを利用できていない場合

## サービスを利用できていない場合、どのように評価すればよいか？

**利用はしていないため、達成度や満足度は低い評価になる。**

支給決定してから、実際にはサービスを利用できていないこと、長くサービスを利用していたが、最近は利用していないことなどがあります。その際には、利用できていない、または休んでいる原因を確認します。例えば、生活介護を利用していた利用者が、現在は利用していない場合、体調が悪化した、外に出ることが嫌になった、利用者同士のトラブルがあった、そもそも行きたくなかったのに家族が勧めたから仕方なく通っていたなど、さまざまな理由が考えられます。その理由を解決するために、新たなサービスや手立てが必要であれば、再度調整を行います。満足度や達成度についての評価は低くなりますが、それを踏まえて今後の支援の方向を提案できればよいでしょう。

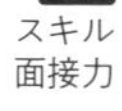

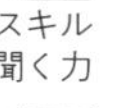

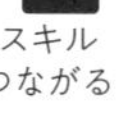

# Q102 モニタリング報告書の提出

## モニタリング報告書は、必ず市町村に提出しなければならないか？

### A 原則、提出する。

モニタリングについては、「支給決定の更新や変更が必要となる場合」や「モニタリング期間を設定し直す場合」等、必要なときにモニタリング結果を市町村へ報告することと定められています。これに加え、市町村は毎回モニタリング結果の報告を求めることができるとされています※。また、市町村によっては、モニタリングが適正に行われているか、サービス利用が適正に行われているかを基幹相談支援センターがチェックするところもあります。

※ 厚生労働省「相談支援に関するＱ＆Ａ（令和３年４月８日）」問40（WEBサイト参照(p.170)）

# Q103 モニタリング報告書の活用

## すべての関係機関にモニタリング報告書を渡したほうがよいか？

### A 渡したほうが情報共有がスムーズ。

複数のサービスを利用している場合は、他のサービスの利用状況、医療機関、訪問看護の利用状況を、それぞれの機関で把握することができます。利用者を多角的な視点で見ることにより、サービスの質の向上につながる効果も期待できます。

# Q104 利用者本人と関係機関の意見が違うとき 

## 本人からの聞き取りと、関係機関の意見が違うときは、どのように判断したらよいか？

A まずは事実を丁寧に確認する。

利用者の障害や病状により、自己を過大評価、過少評価している場合もあります。主観的な意見で話すと、事実と異なる面も出てきます。事実として何ができている、何が難しいのかを確認し、整理する必要があります。例えば、利用者は「作業をちゃんとできた」と話し、サービス提供事業所は「ちゃんとしていない。利用者とおしゃべりばかりしている」と話した場合、「ちゃんと」の基準がそれぞれでズレている可能性があります。何をもって「ちゃんと」なのか、お互いの価値観、基準を明確にしていきます。そのなかで、**相談支援専門員として客観的に判断**し、ニーズの充足度、支援の方向性を明確にしていきます。

# Q105 通常月以外のモニタリング

## 受給者証に記載されている期間以外でも、必要な場合はモニタリングを実施してもよいか？

A 実施できる。

何らかの理由で利用者との面会、連絡が取れなかった場合、医療機関に入院し面会がかなわない状況だった場合などで、翌月にモニタリングを行った場合は、支給決定市町村に相談し、モニタリング月以外で請求が可能か確認したうえで、**継続サービス利用支援費**を請求することができます。

また、モニタリング月以外にも頻回に相談対応が必要な場合、生活環境の変化がみられた場合には、モニタリング頻度を増やすことも検討しましょう。モニタリング頻度を増やす場合には、市町村に相談し、「計画案」を提出します。

知識

価値

考え方

権利擁護

スキル
面接力

スキル
情報収集
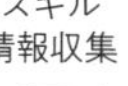

スキル
聞く力

スキル
つながる

スキル
つなげる

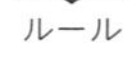
ルール

運営
経営

見立て
手立て

# Q106 終結 

## サービス利用がなくなった場合は、終結としてよいか？

### A 終結としてよい。

ただし、その後の生活状況の変化やニーズの変化等で、再度サービス利用となる可能性もあります。そのため、基本相談としてかかわることが可能であることを説明するとよいです。市町村によっては、基本相談の場合は委託相談支援事業所へ移行するところもあります。その場合には、委託相談支援事業所に丁寧に引き継ぎを行うことも大切です。

介護保険へ移行した場合については、介護支援専門員と同行し、利用者との面談を行う､「計画」やモニタリング結果等を報告した際には、**居宅介護支援事業所等連携加算**を算定することもできます。

# 6 地域づくりへの参画

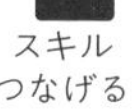

## Q107 地域づくりへの参画

**計画相談支援を担当している立場で、地域づくりに参画するためにはどのように動いたらよいか？**

**A 地域の社会資源を把握し、相談支援専門員として動くなかで感じる課題を発信する。**

基幹相談支援センター、委託相談支援事業所、市区町村の障害福祉担当課などに相談する、地域の町内会活動への参加をするなどがあります。また、個別のケースを通して、近隣住民や民生委員に見守りや支援を依頼する、インフォーマルな資源（コンビニエンスストア、スーパー、新聞店等）へはたらきかけることもあります。利用者がよく行くコンビニエンスストアの店員に、利用者の承諾を得たうえで、配慮事項を伝えることで、地域の方の障害理解が深まっていくこともあります。これも、地域づくりです。そのような関係性を増やしていくことが、地域変革につながります。何かをつくる、体制を整備することだけが地域づくりではありません。

## Q108 （自立支援）協議会

### 自分の地域の（自立支援）協議会に参加したことはないが、一般的にはどのような役割を担っている組織なのか？

**A 市町村ごとで異なる。**

（自立支援）協議会には、都道府県協議会と市町村協議会があります。関係機関が連携を図り、地域のなかで障害児・者の支援体制や地域課題についての情報共有を行います。地域の実情に応じた体制の整備について協議を行うところとなっています。

市町村協議会は、複数の市町村で圏域設置することもできます。協議会の機能として、①情報機能、②調整機能、③開発機能、④教育機能、⑤権利擁護機能、⑥評価機能の六つがあります。

市町村により運営方法は異なりますが、定例会、全体会、専門部会等から構成されています。専門部会は、地域の実情に応じて異なりますが、子ども部会、就労部会等があります。自分の地域の協議会が、どのような体系で、どのような活動を行っているか、ぜひ確認してみてください。

## Q109 （自立支援）協議会への参加

### （自立支援）協議会に参加するにはどのようにしたらよいか？

**A 市町村によっては、傍聴が可能な場合がある。**

傍聴可能か、開催日時はいつか、（自立支援）協議会事務局に確認するとよいです。また、専門部会によっては、（自立支援）協議会の委員でなくても参加を求めている場合もあります。参加が難しい場合は、事務局や委員に課題と感じていることを相談し、議題として検討可能か確認することも参加方法の一つです。

## Q110 地域課題

### 地域課題といわれるが、具体的にはどのような課題をいうのか。

**複数人の相談支援専門員が、その地域の課題だと同様に感じているもの。**

相談支援専門員としてかかわるケースで、同じ課題が複数の利用者からあり、地域の他の相談支援専門員も同じ課題を感じているのであれば、それが地域課題となります。

例えば、通所できる施設が少ない、共同生活援助に空きがない、そもそもそうした資源がないため、他市町村に行かざるを得ない、障害当事者のサークル活動の場がない、なども地域課題となります。その課題について、個人の感覚ではなく、客観的な数字等を根拠として、市町村にはたらきかけたり、（自立支援）協議会で協議をする機会を設けるなどして社会資源の開発へと展開していきます。

## Q111 グループスーパービジョン

### グループスーパービジョンとはどういう手法か。また、どのような効果があるのか教えてほしい。

**グループスーパービジョンとは、スーパービジョンの類型の一つで、複数人のスーパーバイザーやスーパーバイジーで行うもの。**

相談支援専門員の養成研修で実施しているグループスーパービジョンは、ストレングスモデルに基づいており、できない部分、進まない部分だけでなく、できている部分、できていた部分に着目することで、ケースを前向きに検討していきます。自由にアイディアを出すことで、現状に囚われない新たな視点に気づくことができます。

利用者のストレングスに焦点をあて、地域のなかで支援を行うことを目的としています。ストレングス・アセスメント票を活用し、スーパーバイジー（事例提供者）が、利用者の希望する生活に向け

知識

価値

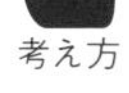
考え方

権利擁護

スキル
面接力

スキル
情報収集
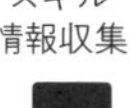

スキル
聞く力

スキル
つながる

スキル
つなげる

ルール

運営
経営
見立て
手立て

て取り組んでいる現状等を説明し、参加者がアセスメント票を確認し、質問をして共通理解を深めます。そして、ブレインストーミングでスーパーバイザー（参加者）がアイディア出しを行います。スーパーバイジー（事例提供者）は、提案されたアイディアから支援に関するプランを検討し、明らかにします。

このように、ストレングスに焦点を当てた場合、１人のスーパーバイジーに対して複数人のスーパーバイザーでグループスーパービジョンを行いますが、学術的な意味でのグループスーパービジョンは、１人のスーパーバイザーと複数人のスーパーバイジーで検討を行うのが一般的です。

なお、スーパービジョンには、**管理的**、**教育的**、**支持的**の三つの機能があり、これらにより支援の質を高めるとともに、支援者を支える手法として重要なものといえます。

## Q112 事例検討とグループスーパービジョンの違い

**事例検討だけではなく、グループスーパービジョンを取り入れてみたい。違いを教えてほしい。**

### A グループスーパービジョンは支援者支援に有効な手法。

事例検討は事例を通して支援の方法を振り返り、よりよい支援方法を検討するというものです。一方、ストレングスモデルによるグループスーパービジョンは、現在進行中の支援について、今後の支援方法、展開方法を検討し、明日から具体的に何に取り組むかを決めるものです。

グループスーパービジョンでは、積極的かつ自由な発言が求められるため、既存の知識や制度からいったん外れて、新たな視点でのアイディアが出てくる可能性があります。その他、公的サービス以外の資源を活用することに有用です。また、事例を通して支援者の振り返りや気づきに重きをおくため、**より支援者支援への効果を発揮するもの**といえます。

## Q113 研修会の開催

**地域で研修会を開催したいと思っているが、誰に相談したらよいか？**

### 基幹相談支援センター、委託相談支援事業所に相談する。

各都道府県にある相談支援専門員等の協会やネットワークなどの団体※、その他の職能団体などがあれば、そちらに参加する、こういうテーマで研修を開きたいと声がけをすることもできます。

※ 〔参考〕各都道府県協会連絡先をp.172に掲載。

## Q114 社会資源が足りない

**地域の社会資源（例：生活介護や行動援護など）が少なくて困っている。解決するために相談支援専門員としてできることがあれば教えてほしい。**

### 地域の実情を探り、分析し、発信する。

社会資源が少なくて困っているのは、自分だけなのか、地域の他の相談支援専門員も同様かを確認する必要があります。そのうえで、複数のケースにおいて課題と感じていれば、地域課題です。市町村へのはたらきかけ、（自立支援）協議会へのはたらきかけを行い、ニーズがあるが資源が不足している現状を理解してもらうことが重要です。

また、ある程度のニーズがあり、事業運営が可能であれば、自らの所属する法人にはたらきかけることも一つの手です。市町村の障害福祉計画上はサービスが充足されていることもあります。数字と現場の感覚の差を埋めるためには、**客観的な根拠に基づく発信を続けること**が重要です。

知識

価値

考え方

権利擁護

スキル 面接力

スキル 情報収集
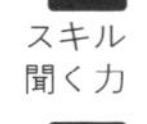
スキル 聞く力

スキル つながる

スキル つなげる

ルール

運営 経営

見立て 手立て

# Q115 地域の方とのつながり・関係づくり

## 利用者の隣人や利用している理髪店や商店街の方々など、地域の方とのつながり、関係をつくっていくうえでのコツやポイントがあれば教えてほしい。

## A 相談支援専門員の役割を丁寧に伝え、できること、できないことを説明する。

地域の方のできること、できないことを確認します。過剰な期待を双方がしてしまうことで、関係性が破綻することのないように、お互いの領分を理解して、無理のない範囲で細く長く付き合っていく姿勢が大切です。「障害者だから助けてほしい」ということではなく、「この方はここに困っているから、その部分を助けてほしい」というかかわりのほうがうまくいくこともあります。障害・疾患を前面に出すことで、大変そう、できないかもと不安になることもあります。あくまでも地域で暮らしている○○さんという視点で、地域の方に説明することが重要です。関係づくりには根気がいりますが、丁寧かつねばり強い姿勢で取り組みましょう。

第2章
計画相談支援
事務編

# 1 利用契約

## Q116 契約締結前の手続き

### 契約締結の前に済ませておくことは？

**A まず、障害福祉サービスの申請手続きが済んでいるかなど、福祉サービスの利用の有無を確認する。**

事務手続きの説明以外に下記内容を確認する必要があるかと思います。

・障害者総合支援法※1の概要
・児童福祉法※2の概要
・相談支援事業の説明
・自事業所の説明

Q117にあるように、計画相談支援は、障害福祉サービスの申請を市町村に行って、計画案の提出を依頼されてから契約を行います。したがって、利用者が相談に来た際に、そもそも福祉サービスを利用したいという主訴なのかどうかをよく傾聴して、利用者本人のニーズを確認するところからスタートしましょう。もし障害福祉サービスの利用をするという相談でない場合は、計画相談支援は行いません。

相談支援事業所は、現在、基幹相談支援センター、市町村が委託する障害者相談支援事業（委託相談※3）、計画相談支援を行う指定特定相談支援事業（障害児相談支援事業）に分かれています。市町村によってそれぞれ相談支援事業の体制は異なると思いますが、利用者のニーズにあった相談支援事業所につながるように、たらいまわしにならないような対応が望まれます。

計画相談支援の依頼ということがはっきりわかり、自事業所で対応できる相談内容であった場合は、事業所パンフレットなどを用いて、事業所の説明を丁寧に行っていきましょう。

※1　障害者の日常生活及び社会生活を総合的に支援するための法律（平成17年法律第123号）
※2　児童福祉法（昭和22年法律第164号）
※3　〔参考〕委託相談については、Q191を参照（p.139）。

## Q117 利用契約を締結するタイミング 

## 利用契約の締結は、計画案を作成する前にすればよいか？　それとも支給決定が下りてからか？

### A 市町村がサービス等利用計画案の提出を依頼した後に利用契約を締結する。

国が定める「介護給付費等に係る支給決定事務等について（事務処理要領）」※1に記載されている流れでは以下のとおりである。

> 1　新たに計画相談支援を実施する場合の手続
> (1)　基本的な流れ
> ①　市町村が障害福祉サービス又は地域相談支援の申請者（以下同じ。）に対し、サービス等利用計画案の提出を依頼。
> ②　申請者が指定特定相談支援事業者（障害児の場合は、児童福祉法に基づく指定障害児相談支援事業者の指定を併せて受けたものに限る。以下同じ。）と計画相談支援の提供について利用契約。
> ③　指定特定相談支援事業者が、サービス等利用計画案（厚生労働省令で定める期間（モニタリング期間）に係る提案も記載）を作成し、申請者に交付。

障害福祉サービスの利用申請を行うと市町村が上記①のサービス等利用計画案の提出を依頼するという流れになります。上記②の契約の後に、上記③のサービス等利用計画を作成することになりますので、①と③の間に契約するのが望ましいといえるでしょう。

また、令和3年度の報酬改定によって、「費用の額の算定に関する基準等の制定に伴う実施上の留意事項」※2において規定されているように、「指定計画相談支援に係る契約をした日からサービス等利用計画案を交付した日までの期間が3か月を超える場合であって、3か月が経過する日以後に月2回以上、利用者の居宅等に訪問し面接を行った場合」は初回加算を３回まで上乗せで算定できるようになっているので、その点にも留意してください。

※１　介護給付費等に係る支給決定事務等について（事務処理要領）（最終改正令和３年４月）p.131.

※２　障害者の日常生活及び社会生活を総合的に支援するための法律に基づく指定障害福祉サービス等及び基準該当障害福祉サービスに要する費用の額の算定に関する基準等の一部を改正する告示（令和３年厚生労働省告示第87号）

## Q118 利用契約書のひな形

## 利用契約書に載せなければならない内容はどのようなものか。また、ひな形はあるのか？

**A　ひな形を参考にしつつ、自分たちが責任をもって計画相談支援を提供できる内容にする。**

計画相談支援の利用契約においては、**利用契約書**と**重要事項説明書**が必要となります。インターネット上にさまざまなひな形が掲載されていますが、そのまま転記するのではなく、本当にその内容で責任をもてるか、やるべき内容が記載されているかよく吟味することが重要です。

契約に記載する内容例としては、「契約の目的」「契約期間」「サービス等利用計画の作成」「サービス等利用計画作成後の支援」「サービス等利用計画の変更」「利用料金」「事業者の基本的義務」「個人情報の取り扱い」「身体拘束の禁止」「虐待防止のための措置」「苦情解決」「契約の終了」「損害賠償」「協議事項」といったものが考えられます。また、自治体によっては利用契約書に記載する内容について規定している場合もありますので、必ず確認してみてください。

## Q119 契約内容の説明 

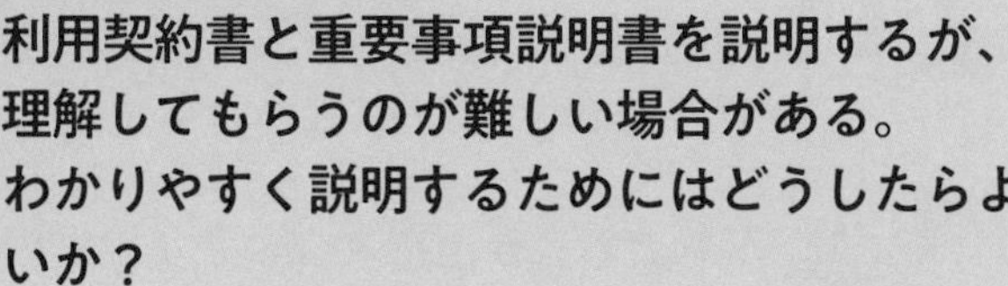

### 利用契約書と重要事項説明書を説明するが、理解してもらうのが難しい場合がある。わかりやすく説明するためにはどうしたらよいか？

### A ルビを振ることや、拡大文字盤を利用するなど、利用者の障害に合わせて合理的な配慮を行う。

相談支援専門員は日頃から丁寧に説明することを心がけていると思います。その心構えを基に、利用者の障害に応じて、その方たちに合った合理的な配慮を考えましょう。例えば、利用契約書や重要事項説明書の作成にあたっては、利用者の障害の特性に応じて、平易な表現を心がけて、ひらがなやルビを振る工夫などをしましょう。視覚障害者の場合には、拡大文字盤や点字版、録音版を用意するなどの、適切な配慮が必要となります。

## Q120 契約時の説明 

### 契約時に必ず伝えたほうがよいことは？

### A 「終了をしたいと思ったときはいつでも申し出てください」などと伝える。

もちろん契約書に記載されている支援の内容などは伝えますが、契約の説明のなかで筆者が一番大切だと思っていることは、**契約が強制的なものではないということ**です。利用契約は双方の合意に基づき継続していくので、利用者・事業者どちらかに継続しがたい事情が起きた場合には、お互いに遠慮せずに話し合える契約であるという趣旨を、丁寧に伝えることが大切です。こうしたことが、信頼関係を構築する第一歩と捉えましょう。

## Q121 利用契約を締結するとき

## 利用契約を締結する際に、契約者本人が出席できないときは家族だけでもよいか？

**A 契約者本人が出席することが望ましい。なお、障害児相談支援は、保護者が契約者となる。**

契約時にさまざまな事情があることも想定されますが、契約する能力がある方の場合は原則契約する方に出席してもらい、同意をいただくべきでしょう。重度の知的障害の利用者など、どのように利用契約を進めていくか悩むことが多いですが、保護者同席のもと、契約内容の説明も併せて行いながら、Q119で解説をしたように合理的配慮を行い、利用契約を進めていきましょう。

## Q122 利用契約書

## 契約書をホチキス留めしているが、袋とじや割印を押したほうがよいか？

**A トラブルを防ぐうえで、袋とじや割印は有効。**

袋とじや割印は複数ページにわたる契約書の改ざん防止や同時に作成したことを証明するために押すものです。法律などで義務づけられているわけではありませんが、トラブルを防ぐうえでは有効な手段といえるでしょう。筆者の経験上、割印をせずにトラブルになったことはありませんが、事業所のリスクマネジメントの観点からも、袋とじや割印の活用も検討してみましょう。

一般的な製本の仕方としては、契約書より少し長めに用意した製本テープを用意して、ホチキス留めした契約書の上から貼り付けます。製本テープ部分と契約書の紙の境目に契約印を甲・乙双方押せば、改ざんしていないという確認になります。

# Q123

契約者

## 相談支援事業所側の契約者名は、事業所管理者でよいか？　それとも法人や会社、団体の代表者か？

**法人や会社、団体の代表者が望ましい。**

障害福祉サービスの運営基準については、国から出されている「障害者の日常生活及び社会生活を総合的に支援するための法律に基づく指定計画相談支援の事業の人員及び運営に関する基準（平成24年厚生労働省令第28号）」を参考にするとよいでしょう。

実は、この基準を見るとわかるように、契約を締結したら報告することにはなっていますが、契約内容の詳細に関することについては規定がありません。ですが、障害福祉サービスでは利用契約と別に重要事項を定めて利用者に対して説明することになっており、重要事項に関しては、「指定特定相談支援事業者」が利用者に対して説明することになっています。ポイントとしては、「指定特定相談支援事業者」であり「指定特定相談支援事業所」ではないことなので、自身が所属する相談支援事業所の指定を受けている法人の代表者名で利用者との重要事項の説明・確認を行うべきでしょう。

そのように考えると、重要事項説明書と利用契約書の事業者側の名前をわざわざ変える必要もありませんし、利用契約の内容のなかには、事業所の管理者が責任を負いきれない内容もあるかと思います。したがって、法人の代表者の名前で契約を締結することが望ましいと考えられます。

また、自治体によっては契約者が誰になるべきかという規定がある場合も想定されますので、自事業所の指定権者である自治体に確認いただければと思います。

知識

価値

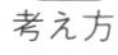
考え方

権利擁護

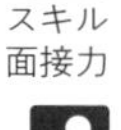
スキル
面接力

スキル
情報収集

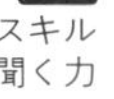
スキル
聞く力

スキル
つながる

スキル
つなげる

ルール

運営
経営

見立て
手立て

# Q124 個人情報使用同意 

## 関係機関との情報共有については、利用者本人の同意や個人情報使用同意書が必要か？

**A 必要。**

計画相談支援を進めるにあたっては、個人情報のやりとりをする前に、個人情報使用の同意書にサインをもらいます。利用者の利益を守るためにも、丁寧かつ確実に情報の共有は進めていきます。

国が示しているガイドライン※には、「要配慮個人情報」についての取り扱いの記載があります。「心身の機能の障害」の方の個人情報の取り扱いについて、「不利益が生じないようにその取扱いに特に配慮を要する」と記載されています。

さらなるポイントとしては利用者と会う前の情報のやりとりです。これについては同意書へのサインはもらえないので、情報発信元に対して確実に利用者本人に同意を取ってもらうようにします。また、支援を進めていくなかで重要な局面での情報共有については、そのつど、利用者本人へのさらなる個別の確認をするなど、より丁寧な対応を心がけましょう。

※ 個人情報保護委員会「個人情報の保護に関する法律についてのガイドライン（通則編）」（WEBサイト参照（p.170））

# 2 請求業務

## Q125 請求をかけるタイミング 

**請求のタイミングは、計画を作成したときやモニタリングを実施した翌月に請求すればよいか？**

**A 最短で翌月。それ以後の請求受付期間でも請求できる。**

請求をかけるのは、該当する支援を行った翌月の10日までです(日付が今後変わる可能性もあるので毎月のお知らせでつど確認してください)。各自治体の国民健康保険団体連合会(以下､｢国保連｣)に請求することができます。また、請求を忘れた場合や、うまく請求が通らずに再度請求する場合は翌々月以降でも請求することができます。

## Q126 モニタリングの結果、変更があった場合

**モニタリングの結果、サービスの種類や量に変更があった場合は、サービス利用支援費は請求できるか？**

**A 場合や状況、障害福祉サービスを支給決定する自治体による。**

モニタリングの結果、サービス変更をする必要がある場合は、計画案→計画という流れで計画相談支援を進めていくことになります。基本的には同一月にサービス利用支援費と継続サービス利用支援費は請求できませんが、細かい状況や自治体の考え方によって同

知識

価値

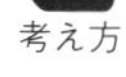
考え方

権利擁護

スキル
面接力

スキル
情報収集

スキル
聞く力

スキル
つながる

スキル
つなげる
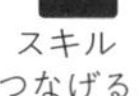
ルール

運営
経営

見立て
手立て

一月の請求ができる場合もあります。サービス変更をかける際に、どのように請求できるかを福祉サービスの支給決定をする自治体に問い合わせてください。

## Q127 モニタリングの結果、変更がなかった場合

### モニタリングの結果、サービスの種類や内容などに変更がなかった場合でも請求してもよいか？

**A 請求可能。**

モニタリングは、国が定める「費用の額の算定に関する基準等の制定に伴う実施上の留意事項※」に記載があるように、あらかじめ決まった月に「利用者の居宅等への訪問による利用者又は障害児の保護者への面接等」をすれば請求できるとされていますので、差し支えありません。

※　障害者の日常生活及び社会生活を総合的に支援するための法律に基づく指定障害福祉サービス等及び基準該当障害福祉サービスに要する費用の額の算定に関する基準等の制定に伴う実施上の留意事項について（平成18年障発第1031001号）

## Q128 請求システム

### 請求業務に使えるシステムはどのようなものがあるか？

**A 国保連の請求ソフト以外にも複数ある。**

相談支援業務用のシステムがさまざまな企業から出ていますが、それを導入すると合わせて請求ソフトもついてくる場合があります。ただし、システムは高額なものもありますので、無料で使用したい場合は請求先の国保連の請求ソフトを使うとよいでしょう。

## Q129 請求ミス

**請求にミスがあった場合は、どのようにすればよいのか？**

**過誤申し立てをする。**

請求した利用者の障害福祉サービスを支給決定している自治体に問い合わせて相談してください。自治体に過誤申し立てをすれば、国保連の過不足を計算して処理してくれます。

## Q130 代理受領額通知書

**代理受領額通知書は必ず作成しなくてはいけないか？**
**また、利用者に渡したほうがよいか？**

**必ず渡す。**

国が定める運営基準によって「指定特定相談支援事業者は、法定代理受領により指定計画相談支援に係る計画相談支援給付費の支給を受けた場合は、計画相談支援対象障害者等に対し、当該計画相談支援対象障害者等に係る計画相談支援給付費の額を通知しなければならない。」※と定められています。

※　障害者の日常生活及び社会生活を総合的に支援するための法律に基づく指定計画相談支援の事業の人員及び運営に関する基準（平成24年厚生労働省令第28号）第14条第１項

## Q131 請求先

**直接、都道府県や市町村に請求できるのでしょうか？**

**できない。**

国が定める運営基準には「法定代理受領　法第51条の17第３項の規定により計画相談支援対象障害者等に代わり市町村（特別区を含

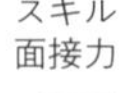

む。以下同じ。）が支払う指定計画相談支援に要した費用の額の全部又は一部を指定特定相談支援事業者が受けることをいう」※と書かれています。

この法定代理受領の支払いは、市町村が国保連に委託しているため、指定特定相談支援事業所は各自治体の国保連に対して指定計画相談支援に要した費用の額を請求することとなります。電子請求受付システム総合窓口（http://www.e-seikyuu.jp/）より請求ソフトやマニュアルなどをダウンロードして請求を行ってください。

※　障害者の日常生活及び社会生活を総合的に支援するための法律に基づく指定計画相談支援の事業の人員及び運営に関する基準　第１条第16号

## Q132 加算の請求

### 加算はどのように請求するか？

**A 毎月の請求に合わせて請求する。**

加算については、事業所の体制に基づき、基本報酬の区分が変わる機能強化型サービス利用支援費などと、基本報酬以外での業務を評価する集中支援加算などに分かれます。体制に基づく加算に関しては、事前に事業指定先の自治体に自事業所の体制について申請しておく必要があります。それ以外の業務を評価する加算に関しては、業務の実施該当月分として請求できます。

## Q133 請求できるか悩んだ場合

### 悩んだ場合はどこに確認すればいいか？

**A 受給者証の発行元に確認する。**

障害福祉サービスは居住地特例等もあり、自分の事業所がある自治体以外から支給決定を受けている利用者もいます。請求できるか悩んだ場合は、受給者証の発行元となる自治体の障害福祉サービスの部署に問い合わせをすると、請求が可能かどうかを確認することができます。

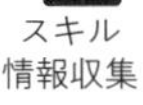

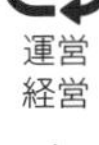

# 3 記録業務

## Q134 記録の範囲

**記録をしていくにあたり、どこまでの範囲や細やかさで記録すればいいのか教えてほしい。**

**A 利用者、家族、関係機関からの聞き取り、事実と相談支援専門員の見立てを記録する。**

「範囲」を問われるならば、すべてというのが正解になってしまいますが、アセスメントした情報はすべて貴重な情報であり、そのなかから取捨選択をするのは大変な作業になります。それぞれの意見、意思は発言をそのまま記入するとズレがなくなります。また、抽象的な概念については、その内容を掘り下げます。例えば、「普通の暮らし」の普通はどのような暮らしでしょうか。この内容がズレてしまうと支援は難しくなるはずです。その状況、利用者像、家族像がわかるように具体的な内容を記載します。数値化できるものは数字にすることで誰が見ても同じ解釈ができます。

## Q135 記録の必要性

**記録の用途や必要性を教えてほしい。**

**A 引き継ぎや苦情の際の事実確認など。**

利用者、家族、関係機関からの情報の整理、正しい把握、計画やモニタリング報告書に掲載されない情報の理解が可能となります。

ケース記録として、生活の変化や支援の流れを残すことで、他の相談支援専門員に引き継ぎをする際に、経過記録として活用できます。また、苦情処理や事故対応の際には、記録がないと証拠がない状況となるため、対応に苦慮することになります。

## Q136 記録をまとめるのが苦手

**記録のまとめ方が苦手で、ダラダラと長くなってしまい要点が定まらない。コツがあれば教えてほしい。**

### A 主語が誰か、誰が何を感じたのか、そして何を提案（支援したのか）に分けて、整理する。

利用者、家族の発言、相談支援専門員の感じたことを区別する必要があります。例えば、「汚い」「きれい」も個人の主観に左右されます。何をもって「きれい」なのか、「汚い」のかを誰が見てもわかるような記録にしなければ、支援の統一は図れません。個人の価値観が入っていないか、常に見返しながら記載しましょう。

## Q137 記録の手法

**自己流で記録しているが、記録するうえで参考になる手法はあるか？**

### A 客観的事実、個人的主観、支援の目的や内容、今後の方向性と分けて記載する。

客観的事実は、５Ｗ１Ｈ（いつ、どこで、誰が、なぜ、何を、どのように）を意識して記録します。利用者や家族、関係機関の発言はそのまま記入しないと、主語が誰なのかが不明確になります。そのうえで、相談支援専門員が感じたこと、見立て、対応を記載するとよいでしょう。事実と推測を明確に分けて記載するように意識しましょう。

知識

価値

考え方

権利擁護

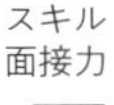
スキル
面接力

スキル
情報収集

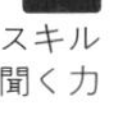
スキル
聞く力

スキル
つながる

スキル
つなげる

ルール

運営
経営

見立て
手立て

## Q138 保管が必要な記録の種類

### 行政の実地指導の際に最低限必要な記録を教えてほしい。

**A 以下のとおりである。**

アセスメント票、ケース記録、計画案、計画、モニタリング報告書です。地域相談支援を行っている場合は、地域移行支援計画、地域定着支援台帳も必要になります。

また、障害者手帳、受給者証のコピーもあるとよいです。加算関連の証明書類も必要になります。各市町村で実地指導の事前調書がある場合は、そちらを参考にチェックされるとよいです。

## Q139 記録の保存

### 計画や支援記録は何年保存しておけばよいか？

**A 5年間保存する。**

相談支援専門員がその業務にあたって行うべき記録は、「障害者の日常生活及び社会生活を総合的に支援するための法律に基づく指定計画相談支援の事業の人員及び運営に関する基準」（平成24年厚生労働省令第28号）（以下、「運営基準」）において以下のように定められている。

> （記録の整備）
> 第30条　指定特定相談支援事業者は、従業者、設備、備品及び会計に関する諸記録を整備しておかなければならない。
> 2　指定特定相談支援事業者は、利用者等に対する指定計画相談支援の提供に関する次の各号に掲げる記録を整備し、当該指定計画相談支援を提供した日から５年間保存しなければならない。
> 一　第15条第３項第１号に規定する福祉サービス等の事業を行う者等との連絡調整に関する記録
> 二　個々の利用者ごとに次に掲げる事項を記載した相談支援台帳
> イ　サービス等利用計画案及びサービス等利用計画
> ロ　アセスメントの記録

ハ　サービス担当者会議等の記録
ニ　モニタリングの結果の記録
三　第17条の規定による市町村への通知に係る記録
四　第27条第２項に規定する苦情の内容等の記録
五　第28条第２項に規定する事故の状況及び事故に際して採った処置についての記録

上記の記録に関しては、記述のとおり５年間保存することとなっています。また、令和３年度障害福祉サービス等報酬改定によって、「事務負担軽減のため、加算の算定要件となる業務の挙証書類については基準省令で定める記録（相談支援台帳（サービス等利用計画））等に記録・保管することで可とする。」※となっており、加算業務に関する記録がしやすくなっています。

※　厚生労働省「令和３年度障害福祉サービス等報酬改定における主な改定内容（令和３年２月４日）」p.6

## Q140 記録の開示請求

### 利用者や家族から記録の開示を求められた場合、開示しなければならないか？

A 以下のとおりである。

開示に関しては国が定める運営基準において以下のように定められている。

（苦情解決）
第27条　略
2　略
3　指定特定相談支援事業者は、その提供した指定計画相談支援に関し、法第10条第１項の規定により市町村が行う報告若しくは文書その他の物件の提出若しくは提示の命令又は当該職員からの質問若しくは指定特定相談支援事業所の設備若しくは帳簿書類その他の物件の検査に応じ、及び利用者又はその家族からの苦情に関して市町村が行う調査に協力するとともに、市町村から指導又は助言を受けた場合は、当該指導又は助言に従って必要な改善を行わなければならない。
4　指定特定相談支援事業者は、その提供した指定計画相談支援に関し、法第11条第２項の規定により都道府県知事が行う報告若しくは指定計画相談支援の提供の記録、帳簿書類その他の物件の提出若し

くは提示の命令又は当該職員からの質問に応じ、及び利用者又はその家族からの苦情に関して都道府県知事が行う調査に協力するとともに、都道府県知事から指導又は助言を受けた場合は、当該指導又は助言に従って必要な改善を行わなければならない。

5　指定特定相談支援事業者は、その提供した指定計画相談支援に関し、法第51条の27第2項の規定により市町村長が行う報告若しくは帳簿書類その他の物件の提出若しくは提示の命令又は当該職員からの質問若しくは指定特定相談支援事業所の設備若しくは帳簿書類その他の物件の検査に応じ、及び利用者又はその家族からの苦情に関して市町村長が行う調査に協力するとともに、市町村長から指導又は助言を受けた場合は、当該指導又は助言に従って必要な改善を行わなければならない。

このように、直接家族に開示するとは定まっていません。ですが、開示を依頼されるときに予想される状況としては、なんらかの苦情が伴う場面が想定されます。苦情が申し立てられ、開示請求まで至る場合は行政と連携しながら対応する必要がありますので、行政からの命令による開示に備えることが常時求められます。

また、日頃から利用者・家族からの開示請求に対応できるように備えるためにも、重要事項に開示する方法や期日などを定め、あらかじめ同意を得ておくという方法もあります。

## Q141 虐待やその他のリスクがあるときの記録

### 虐待やリスクが高い状況の場合、通常の記録の方法との違いやポイントがあれば教えてほしい。

### A 時系列の記録と速やかな組織対応。

虐待通報を行う場合の記録に関しては国の手引き※では以下のように示している。

(7)　通報手順の参考例

組織として速やかな対応と未然防止に努めます。

①　利用者に対する人権侵害や虐待事案が発生したとき、又はその可能性が疑われるときには、施設・事業所としてその事実確認を速やかに行います。

②　職員が日常の支援現場で虐待の疑いを発見するなど気になるこ

とがあった場合は、必ず上司にその旨を伝えるように周知します。

③　利用者に対して不適切な関わりがあった際は、本人に謝罪し、施設・事業所として 安全の確保や不安にならないような配慮をしていきます。ご家族にもお知らせし、誠意をもって対応します。

④　管理者は虐待であると明確に判断できない場合であっても、**速やかに障害者虐待防止法にいう通報を行い**、市町村・道府県からの立入調査に協力します。

⑤　通報した者が誰であっても、そのことで不利益が生じないようにします。

⑥　上記の事案が発生した場合は**時系列に記録し**、背景要因を探り、報告書にまとめます。必要な場合は家族会においても報告いたします。

⑦　人権侵害の事案が虐待と認定された場合は、外部の第三者にも加わっていただき、法人として検証と再発防止策を立て、これを公表していきます。

⑧　虐待を起こしてしまった者に対して、事実が確認できたら就業規則による処分を行います。

⑨　再発防止の取り組みは、職員との共同のもと計画的に行っていきます。

⑩　何よりも権利侵害や虐待は未然に防ぐことが重要と認識して、日々の業務改善に努めます。

相談支援事業所が虐待対応を想定する場合、自事業所内でそのことを疑うというより、外の機関や個人に対して疑念を抱くということが圧倒的に多いと思われます。国の示す手引きを読むと、自事業所で起きていることに対する対応が念頭におかれます。したがって、相談支援事業所用にカスタマイズする必要がありますが、基本的な流れは変わらないと考えています。太字にしてあるように、「可能性が疑われた段階で速やかに通報」、「時系列に記録」を細かくつけていくということが基本となります。

虐待対応は障害のある方の生命や身体の危機がある場面が想定されるので、**行政への通報したやりとりや他機関との話の流れを細かく記録につけること**が、相談支援事業所を守ることにもつながります。また、相談支援事業所としてどの点が虐待と感じるのかをしっかりと整理したうえで、他機関と会話のキャッチボールをしていくことが重要だと考えています。

※　厚生労働省「障害者福祉施設等における障害者虐待の防止と対応の手引き」（令和２年10月）p.20

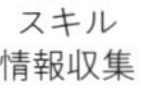

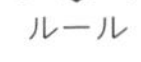

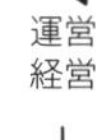

Q142 記録の効率化 

## 訪問先や出先での記録において、システムの活用など、効率化が図れる手段があれば教えてほしい。

### A クラウドやシステムの利用だけでなく知恵を絞って工夫を行う。

記録については、出先で記録できたほうがよい場合もあります。災害などに備えて、外部でも業務を遂行できる体制は重要です。

記録ができるシステムに関しては、さまざまなクラウドサービスが販売されています。なかには高額なものもありますので、試用期間があるのであれば試してみて、自分の事業所に合うものを選ぶのがよいでしょう。

また、システムを導入しなくても、工夫次第で事業所外で記録することができます。スマホ・タブレットにキーボードをつけることでも入力ができますし、外勤帰りの車中等にて音声入力ソフトを使用し、スマホに向かって内容を話してテキスト化しメールで送信するなどの手法もあります。

記録と業務の効率化に関しては、記録するだけではなく、記録を保存し簡単に呼び出せることも重要ですので、ネットワーク型の

図2-1　記録・資料保存例

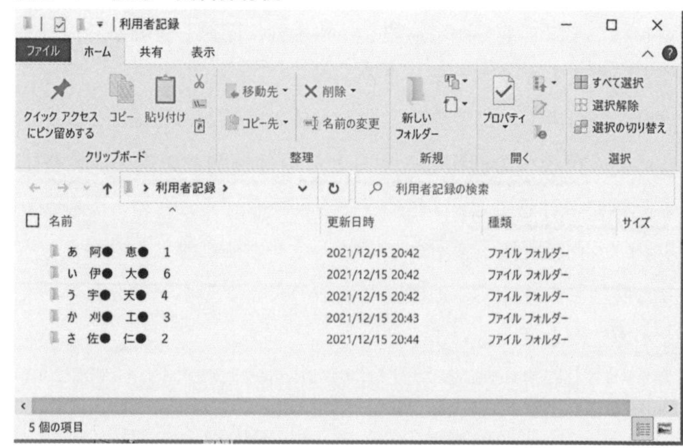


（注）　名前の欄の内容は架空の人物です。

ハードディスクを利用するなど、工夫をしていただければと思います。多くの方が個人ファイルをつくって利用者の記録・資料を管理していると思います。ファイルには必ず通し番号をつけて保管していくと、どのようなシステムを利用しても後々の管理が楽になります。ネットワーク型ハードディスクを導入した場合、ウィンドウズ内で大元の記録フォルダを決めて、その内部に「あ　阿●　恵●　1」と利用者ごとにフォルダ名をつけて管理しておくとよいでしょう。受給者証管理も通し番号に紐づけてファイリングしておくと請求業務の効率も上がります。

## Q143 事業所内での情報共有

## 事業所内での記録の共有は必要か。また共有方法について教えてほしい。

### 記録の共有は相談支援の質の向上のために必要。

事業所の体制によりやり方は違うと思いますが、情報共有は必要です。相談支援専門員はどうしても一人仕事になりやすい業務です。業務に追われれば追われるほど、情報共有がおろそかになります。情報共有する仕組みがないと、その先に待っているのは、抱え込みからのバーンアウトです。

相談支援事業所の情報共有の体制でよくあるパターンは、①朝ミーティングで前日の様子を報告しあう、②緊急なものに関しては適宜管理者や役職者に相談する、③定期的なミーティングを行う、④特に相談支援専門員が困っているものに関しては定期的なミーティングのなかで事例検討をする、というような流れが一般的です。

情報の共有は、スーパービジョンをするためにも重要ですので、事業所内でスーパーバイザーのような立ち回りをする方にとっては情報共有が人材育成にとっての肝となります。スーパーバイジーは黙っていると必要な情報をくれない場合があります。積極的に情報共有する仕組みや報告しやすい雰囲気をつくることが重要です。

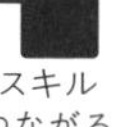

見立て
手立て

# 4 関連制度の知識

## Q144 家事援助の範囲 

## 居宅介護の家事援助の範囲で、子どもの育児支援を行うことはできるか？

**A 可能である。**

令和３年７月12日、厚生労働省は、「障害者総合支援法上の居宅介護（家事援助）等の業務に含まれる「育児支援」の取扱いについて」（事務連絡）を発出しています。

居宅介護等における「育児支援」は、直接のサービス提供対象が利用者以外ですが、利用者が子どもの保護者として本来家庭内で行うべき養育を代替するものとして、①利用者（親）が障害によって家事や付き添いが困難な場合、②利用者（親）の子どもが一人では対応できない場合、③他の家族等による支援が受けられない場合のすべて該当する場合に、個々の利用者、子ども、家族等の状況により、必要に応じて、居宅介護等の対象範囲に含まれるとされています。

具体的には、沐浴や授乳、利用者（親）の支援に伴う子どもの分の清掃、調理、洗濯等、子どもが通院する場合の付き添い、保育所・学校等との連絡（連絡帳の代理記入や補助、電話代行等）等があります。

# Q145 視覚障害者への居宅介護サービス

## 視覚障害のある利用者に新聞や広報誌などの代読を依頼された場合、対応可能か？

**可能である。**

居宅内で代読、代筆をした場合には、居宅介護での支援となります。また､外出先での代読､代筆は同行援護での支援に含まれます。同行援護は、買い物、通院、趣味・余暇活動等の外出時に利用できるサービスです。外出時の手続きで代読、代筆が必要な場合には、同行援護のサービスに含めて支援を行うことができます。平成９年７月25日厚生労働省から発出された事務連絡「ホームヘルプサービス事業実務問答集の送付について」が根拠となります。

# Q146 行動援護と移動支援の違い

## 行動援護と移動支援は対象者やサービス内容等に、どのような違いがあるか？

**制度上の位置づけ、対象者、支援の範囲、移動の目的等に下記のような差異がある。**

**表２-１　行動援護と移動支援**

| | 行動援護 | 移動支援 |
|---|---|---|
| 制度 | 障害福祉サービス（介護給付） | 地域生活支援事業 |
| 対象者 | 障害者・障害児（重度の知的障害、精神障害）<br>以下のいずれにも該当<br>①障害支援区分３以上<br>②障害支援区分認定調査項目のうち行動関連項目等（12項目）の合計点数が10点以上である者 | 障害者であって、市町村が外出時に移動の支援が必要と認めた者 |
| 支援の範囲 | ○行動する際に生じ得る危険を回避するために必要な援護 | ○社会生活上必要不可欠な外出および余暇活動等の社会参加のための外出の |

知識

価値

考え方

権利擁護

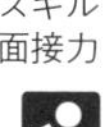
スキル
面接力

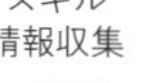
スキル
情報収集

スキル
聞く力

スキル
つながる

スキル
つなげる

ルール

運営
経営

見立て
手立て

| | | |
|---|---|---|
| | ○移動中の介護<br>○外出前後に行われる衣服の着脱介助など<br>○排泄および食事等の介護その他の障害者等が行動する際に必要な援助 | 際の移動を支援<br>○実施方法<br>ア　個別支援型<br>イ　グループ支援型<br>・複数の障害者等への同時支援<br>・屋外でのグループワーク、同一目的地・同一イベントへの複数人同時参加の際の支援<br>ウ　車両移送型<br>・福祉バス等車両の巡回による送迎支援 |
| 移動の目的 | ○社会生活上必要不可欠な外出、社会参加のための外出<br>※「通勤、営業活動等の経済活動に係る外出、通年かつ長期にわたる外出および社会通念上適当でない外出」を除く | 社会生活上必要不可欠な外出、社会参加のための外出 |

なお、移動支援は各市町村に実施要綱等が定められているので内容の確認が必要です。また、行動援護、移動支援とも提供体制（提供事業所数や従事者数）についても確認が必要です。

## Q147 介護保険法と障害者総合支援法

**介護保険の対象となる利用者のサービス利用については、介護保険法と障害者総合支援法のどちらを優先すればよいか？**

### A 原則は介護保険の利用が優先。

障害福祉サービスを利用していた利用者が、65歳になった場合、これまで利用していたサービスと同内容のもの（居宅介護、短期入所等）が介護保険にあれば、介護保険（訪問介護等）が優先となります。ただし、就労系サービス、共同生活援助、施設入所支援等、障害者総合支援法※1のみにあるサービスの場合は、そのまま利用できます。ただ、就労継続支援B型と居宅介護を利用している場合は、居宅介護は介護保険法の訪問介護に切り替える必要があるため、要介護認定を受け、介護支援専門員に引継ぎを行います。ただし、要支援や非該当になる場合には、相談支援専門員が継続して支援を行います。

また、介護保険法の第2号被保険者で、介護保険サービスを利用していた方が生活保護を受けた場合は、障害者総合支援法によるサービスに移行します。

障害特性やサービス内容等により、移行が難しい場合には、介護支援専門員と相談支援専門員の双方でプラン作成を継続することもあります。その際は、**居宅介護支援費重複減算**となります。

介護保険へ移行する65歳までの5年間、障害福祉サービス（居宅介護、重度訪問介護、生活介護、短期入所）を利用し、市民税非課税世帯または生活保護世帯、障害支援区分2以上等の要件を満たした場合、介護保険サービスの利用者負担額を市町村が負担する制度もあります※2・3。

※1　障害者の日常生活及び社会生活を総合的に支援するための法律（平成17年法律第123号）

※2　障害者の日常生活及び社会生活を総合的に支援するための法律に基づく自立支援給付と介護保険制度との適用関係等について（平成19年障企発第0328002号・障障発第0328002号）

※3　共生型サービスの施行に伴う障害者の日常生活及び社会生活を総合的に支援するための法律に基づく自立支援給付と介護保険制度の適用関係等に係る留意事項等について（平成30年3月30日事務連絡）

## Q148 意思決定支援ガイドライン

### 意思決定支援ガイドラインとは？

**以下のとおりである。**

正式には「障害福祉サービスの利用等にあたっての意思決定支援ガイドラインについて」（平成29年障発0331第15号）といい、相談支援専門員として、すべての支援過程においてその意思を中心とすることを旨として支援を実施する必要があります。本ガイドライン

知識

価値

考え方

権利擁護

スキル
面接力

スキル
情報収集
スキル
聞く力

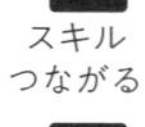
スキル
つながる

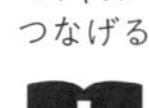
スキル
つなげる

ルール

運営
経営

見立て
手立て

の趣旨は以下のとおりであり、これをよく理解し、丁寧な実践を行うことが求められます。

障害者の日常生活及び社会生活を総合的に支援するための法律（以下「障害者総合支援法」という。）第１条の２（基本理念）においては、障害者本人（以下「本人」という。）が「どこで誰と生活するかについての選択の機会が確保」される旨を規定し、指定相談支援事業者及び指定障害福祉サービス事業者等（以下「事業者」という。）に対し、障害者等の意思決定の支援に配慮するよう努める旨を規定する（第42条、第51条の22）など、「意思決定支援」を重要な取組として位置づけている。

また、ガイドラインの総論は、①意思決定支援の定義、②意思決定を構成する要素、③意思決定支援の基本的原則、④最善の利益の判断、⑤事業者以外の視点からの検討、⑥成年後見人等の権限との関係、の六つで構成されています。

相談支援専門員として、相談者を固有の意思を有し自己決定可能な一人の生活者として理解することが重要です。意思決定支援の目的は、本人の自尊心を高め、人生をより前向きに生きる力を生み出すことといえます。意思決定支援の実践については、その理念や原則、目的等を理解し、具体的な実践方法を学ぶことが重要です※1・2。

※1　厚生労働省令和元年度障害者総合福祉推進事業「意思決定支援の取組推進に関する研究報告書」（WEBサイト参照（p.170））

※2　名川勝・水島俊彦・菊本圭一編著、日本相談支援専門員協会編集協力『事例で学ぶ 福祉専門職のための意思決定支援ガイドブック』中央法規出版、2019.

# Q149 地域生活支援拠点等整備

## 地域生活支援拠点等整備とはどのようなものか？

## A 障害児者の生活を地域全体で支えるサービス提供体制の構築を目指すもの。

障害児者の重度化・高齢化や「親亡き後」を見据え、居住支援のための機能（相談、緊急時の受け入れ・対応、体験の機会・場、専門的人材の確保・養成、地域の体制づくり）を、地域の実情に応じた創意工夫により整備し、障害児者の生活を地域全体で支えるサービス提供体制を構築することです。

地域生活支援拠点の具体的な目的には、①緊急時の迅速・確実な相談支援の実施・短期入所等の活用（⇒地域における生活の安心感を担保する機能を備えます）、②体験の機会の提供を通じて、施設や親元からグループホーム、一人暮らし等への生活の場の移行をしやすくする支援を提供する体制を整備（⇒障害者等の地域での生活を支援します）があります。地域生活支援拠点の整備においては、地域の実情に応じた整備が求められており、各市町村（障害保健福祉圏域）が地域自立支援協議会等の機能を活用して実施していくことが肝要です。

また、第６期障害福祉計画において、「地域生活支援拠点等が有する機能の充実」として令和５年度末までに各市町村または各圏域に一つ以上の地域生活支援拠点等を確保しつつ、その機能の充実のため、年１回以上運用状況を検証および検討することを基本とするとされており、相談支援専門員として自地域における地域生活支援拠点等の確保や機能充実のための検証や検討プロセスにかかわることも重要です。

## Q150 障害者差別解消法 

## 障害者差別解消法とは？

**文字どおり、障害者差別をなくすための法律である。**

正式名称は「障害を理由とする差別の解消の推進に関する法律」といい、相談支援専門員として押さえておくべき法律の一つです。

国際連合の「障害者の権利に関する条約」の締結に向けた国内法制度の整備の一環として、すべての国民が、障害の有無によって分け隔てられることなく、相互に人格と個性を尊重し合いながら共生する社会の実現に向け、障害を理由とする差別の解消を推進することを目的として、平成25年６月に制定、平成28年４月１日から施行され、令和３年６月に改正されました。

この法律では目的達成のため「不当な差別的取扱い」を禁止し、「合理的配慮」を求めています。「不当な差別的取扱い」とは国・都道府県・市町村などの役所や、会社やお店などの民間事業者が障害のある人に対して正当な理由なく、障害を理由として差別を行うことを禁止することです。

「合理的配慮」とは、「障害者が他の者との平等を基礎として全ての人権及び基本的自由を享有し、又は行使することを確保するための必要かつ適当な変更及び調整であって、特定の場合において必要とされるものであり、かつ、均衡を失した又は過度の負担を課さないもの」をいうとされています(障害者の権利に関する条約第2条)。

令和3年5月の改正で、これまで努力義務であった民間事業者における「合理的配慮」が義務化されることになります※1・2。

※1　内閣府「障害者差別解消法リーフレット」(WEBサイト参照(p.170))
※2　令和3年6月4日法律第56号により義務化の改正がなされ、公布の日から起算して3年以内に施行される予定です。

## Q151 発達障害者支援法

### 発達障害者支援法とは?

**A 発達障害の早期発見と支援を目的にした法律である。**

相談支援専門員として実務上関連の強い法律の一つで、この法律により「発達障害」の定義が確立したことで、障害者に関する法制度に発達障害の位置づけが定着しました。

発達障害者支援法は平成16年12月10日に公布され、平成28年8月1日に改正法が施行されています。目的や定義は下記のとおりです。

○目的・基本理念(法第1条、第2条の2)
・個人としての尊厳にふさわしい日常生活・社会生活を営むことができるように発達障害の早期発見と発達支援を行い、支援が切れ目なく行われることに関する国および地方公共団体の責務を明らかにする。
・発達障害者の自立および社会参加のための生活全般にわたる支援を図り、障害の有無によって分け隔てられることなく(社会的障壁の除去)、相互に人格と個性を尊重(意思決定の支援に配慮)し合いながら共生する社会の実現に資することを目的とする。
○発達障害の定義(法第2条)
発達障害者とは、発達障害(自閉症、アスペルガー症候群その他の広汎性発達障害、学習障害、注意欠陥多動性障害などの脳機能の障害で、通常低年齢で発現する障害）がある者であって、発達障害および社会的障壁により日常生活または社会生活に制限を受けるもの。

また、法ではこのほかに国民・事業主等に対して、発達障害の特性等に対する理解（法第４条）、適切な教育上の配慮（法第８条）、適切な雇用機会の確保（法第10条）を求めています。

相談支援場面では「相談支援体制の整備」や「早期発見」「発達障害者の家族への支援」「就労の支援」「発達障害者支援センター」「発達障害者支援地域協議会」等、発達障害者支援法を根拠とした関係機関や連携協議の場等が多いことから包括的な理解が必要です※。

※　国立リハビリテーションセンター「発達障害情報・支援センター」（WEBサイト参照（p.170））

# Q152

精神保健福祉法 

## 精神保健福祉法はどんな法律ですか？また、入院形態の種類を教えてほしい。

**以下のとおりである。**

平成７年に、「精神保健法」から「精神保健及び精神障害者福祉に関する法律」に改正されました。目的は、精神障害者の福祉の増進および国民の精神保健の向上を図ることです。精神障害者の医療および保護を行うこと、障害者総合支援法とともに、精神障害者の社会復帰の促進、自立と社会経済活動への参加の促進のために必要な援助を行うこと、精神疾患の発生の予防や、国民の精神的健康の保持および増進に努めることが定められています。

入院形態は４類型あります。①任意入院、②医療保護入院、③措置入院・緊急措置入院、④応急入院です。

最も多い入院形態は、**任意入院**であり、患者自身の希望での入院です。**措置入院**は、都道府県知事が精神保健指定医に診察をさせ、精神障害者であり、かつ、自傷他害のおそれがあると認めた場合に行う入院です。

**医療保護入院**は、精神保健指定医による診察の結果、精神障害者であり、かつ、医療および保護のため入院の必要がある場合に、その家族等の同意により行う入院です。**応急入院**とは、緊急に入院治療を行う必要があるにもかかわらず、本人が入院を拒否している場合に、精神保健指定の診察、もしくは特定医師の診察を経て入院することです。

## Q153 医療観察法 

## 医療観察法とはどのような法律か？

### A 心神喪失または心神耗弱の状態で重大な他害行為を行った者の治療と処遇を定めている。

正式には「心神喪失等の状態で重大な他害行為を行った者の医療及び観察等に関する法律」（平成15年法律第110号）といい、わが国で初めての司法精神医療に関する法律です。心神喪失または心神耗弱の状態で重大な他害行為を行った者に対して、専門的な治療と処遇を行う仕組みを定めており、医療や行政ではなく、司法が処遇の決定を行います。

その対象は、重大な他害行為を行ったが、心神喪失等と判断され、実刑を免除された者となっており、対象者について、検察官が地方裁判所に対して医療観察法による処遇を申し立てます。

医療観察法の目的は、病状の改善と他害行為の再発防止を図り、社会復帰を促進することであり、具体的には、社会復帰調整官（精神保健福祉士等の有資格者が保護観察所の職員として採用されています）が対象者の社会復帰を支援します。

医療観察法の対象者の社会復帰を促進するうえでは、地域社会における円滑な通院処遇などの支援体制の構築が必要であることから、今後の相談支援場面において連携協働の機会が増大することが考えられます※。

※ 日本精神保健福祉士協会「医療観察法対象者を受け入れて支援をするための手引書」（平成30（2018）年３月）（WEBサイト参照（p.170））

# Q154 障害者雇用促進法 

## 障害者雇用促進法とは？

**A 障害者の雇用と在宅就労の促進について定めた法律。**

正式名称は「障害者の雇用の促進等に関する法律」といい、その目的は、障害者の職業生活において自立することを促進するための措置を総合的に講じ、障害者の職業の安定を図ることです。障害の有無に関係なく、誰もが希望や能力によって、職業を通じての社会参加の実現を目指しています。

職業リハビリテーション機関として、ハローワーク、地域障害者職業センター、障害者就業・生活支援センターを位置づけています。

また、障害者雇用率が定められており、令和３年３月１日現在で国・地方公共団体は2.6％、都道府県教育委員会は2.5％、民間企業は2.3％となっています。平成30年４月の改正から、精神障害者（発達障害を含む）が雇用率の算定に含まれることになりました。企業での合理的配慮についても明記されています。

# Q155 成年後見制度

## 成年後見制度とは？

**A 認知症、知的障害、精神障害などによって判断能力が十分ではない方を保護するための制度。**

成年後見制度は、知的障害や精神障害などの理由で判断能力が不十分な方の財産管理（不動産や預貯金などの管理、遺産分割協議などの相続手続など）や身上保護（介護・福祉サービスの利用契約や施設入所・入院の契約締結、履行状況の確認など）について、援助者を選び法的に保護、支援する制度です※。

成年後見制度には，次のようなタイプがあります。

表2-2　成年後見のタイプ

| 区分 | 対象となる方 | 援助者 |
| --- | --- | --- |
| 補助 | 判断能力が不十分な方 | 補助人<br>監督人を選任することがあります。 |
| 保佐 | 判断能力が著しく不十分な方 | 保佐人 |
| 後見 | 判断能力が欠けているのが通常の状態の方 | 成年後見人 |
| 任意後見 | 本人の判断能力が不十分になったときに、本人があらかじめ結んでおいた任意後見契約にしたがって任意後見人が本人を援助する制度です。家庭裁判所が任意後見監督人を選任したときから、その契約の効力が生じます。 | |

相談支援現場では相談者の権利擁護の観点等から成年後見制度の利用をしている方や制度利用を必要としている方が少なくありません。

また、障害者総合支援法には「成年後見制度利用支援事業」と「成年後見制度法人後見支援事業」が市町村地域生活支援事業の必須事業として規定されています。

「成年後見制度利用支援事業」とは、障害福祉サービスの利用の観点から成年後見制度を利用することが有用であると認められる障害者で成年後見制度の利用に要する費用について補助を受けなければ成年後見制度の利用が困難であると認められるものにつき、当該費用のうち厚生労働省令で定める費用を支給する事業です。また、「成年後見制度法人後見支援事業」とは、障害者に係る民法（明治29年法律第89号）に規定する後見、保佐および補助の業務を適正に行うことができる人材の育成および活用を図るための研修を行う事業です。

**成年後見制度は相談支援において関連の強い制度**ですので、正しい理解が必要です。

※　法務省民事局「いざという時のために　知って安心　成年後見制度　成年後見登記制度」（WEBサイト参照（p.170））

# Q156 日常生活自立支援事業とは？

日常生活自立支援事業 

以下のとおりである。

認知症高齢者、知的障害者、精神障害者等のうち判断能力が不十分な方が地域において自立した生活が送れるよう、利用者との契約に基づき、福祉サービスの利用援助等を行うものであり、社会福祉協議会が実施しています※。

**表２－３　日常生活自立支援事業と成年後見制度の比較**

| | |
|---|---|
| 日常生活自立支援事業（旧：地域福祉権利擁護事業） | 本人の判断能力の低下が少しであり、本人で判断できるが、その判断に不安がある場合に相談や情報提供、援助が必要な場合、日常生活自立支援事業を利用します。 |
| 成年後見制度（補助・保佐・後見および任意後見） | 財産管理や身上監護に関する契約等の法律行為全般を行う仕組みです。 |

**表２－４　三つの利用方法**

| | |
|---|---|
| 日常生活自立支援事業を利用する場合 | 本人の判断能力の低下が少しであり、日常的なことの援助だけでよければ、日常生活自立支援事業を利用します。 |
| 成年後見制度を利用する場合 | 本人の判断能力が著しく低下していたり、重要な法律行為（株の売買や不動産の処分、遺産分割、相続放棄など）を行うとき、また、特別養護老人ホームへの入所契約など本人の身上を配慮しなければいけないときは、成年後見制度を利用します。日常生活自立支援事業を利用している方でも、前記のような事情が生じたときは、この支援事業の利用をやめて、成年後見制度を利用することになります。 |
| 日常生活自立支援事業と成年後見制度との両方を利用する場合 | 成年後見人等は、本人の財産管理と身上監護を行うことになっています。日常生活自立支援事業の福祉サービス利用援助や日常的金銭管理は、成年後見人等の業務に代わるものではありませんので、 |

成年後見人等が選任されている場合の事業の利用は限定的に考える必要があります。
ただし、本人の利益のため、事業による支援が必要不可欠な場合は、成年後見人等が選任されていてもあわせて日常生活自立支援事業を利用することができます。

成年後見制度同様、相談支援現場では日常生活支援事業を利用している方や事業利用を必要としている方が少なくありません。

日常生活支援事業は相談支援において関連の強い制度ですので、正しい理解が必要です。

※　全国社会福祉協議会「ここが知りたい日常生活自立支援事業 なるほど質問箱」（WEBサイト参照（p.170））

（p.170）

## Q157 生活困窮者自立支援事業

### 生活困窮者自立支援事業とは？

**A 生活困窮者の自立の促進を図ることを目的とした法律。**

生活困窮者自立相談支援事業は、生活困窮者自立支援法（平成25年法律第105号）に基づく各事業の総称で、生活困窮者住居確保給付金の給付その他の生活困窮者に対する自立の支援に関する措置を講ずることにより、生活困窮者の自立の促進を図ることを目的としています※。

生活困窮者自立支援法に基づく事業等として「生活困窮者自立相談支援事業」「生活困窮者住居確保給付金（の支給）」「生活困窮者就労準備支援事業」「生活困窮者一時生活支援事業」「生活困窮者家計改善支援事業」「子どもの学習・生活支援事業」「都道府県の市等の職員に対する研修等事業」「福祉事務所を設置していない町村による相談等」および「認定生活困窮者就労訓練事業」があり、このうち「生活困窮者自立相談支援事業」および「生活困窮者住居確保給付金（の支給）」が必須事業であり、その他の事業は任意事業となっています。

事業の実施主体としては、法に基づく事業等（認定生活困窮者就労訓練事業を除く）は福祉事務所設置自治体（法第11条の事業については、福祉事務所未設置町村）であり、住居確保給付金の支給を除き、事業の全部または一部を委託して実施することができることから、市町村が直営で実施する場合と社会福祉協議会等に委託をして実施する場合とがあります。

また、平成30年度の改正法において、生活困窮者の自立支援の基本理念として、以下の内容が明確化されました。

① 生活困窮者の尊厳の保持

② 就労の状況、心身の状況、地域社会からの孤立といった生活困窮者の状況に応じた、包括的・早期的な支援

③ 地域における関係機関、民間団体との緊密な連携等支援体制の整備

この改正による連携支援体制整備として「関係機関間の情報共有を行う会議体の設置」が求められ、この会議体の設置については、支援会議の機能や役割が適切に果たせるのであれば、各自治体の判断で「支援調整会議」はもとより、介護保険法に基づく「地域ケア会議」や障害者総合支援法に基づく「協議会（地域自立支援協議会）」、児童福祉法に基づく「要保護児童対策地域協議会」など既存の会議体を「支援会議」として活用することは差し支えない、とされました。このことから、相談支援専門員として連携機会が増加していますので、制度理解を深めることが求められます。

※ 厚生労働省「生活困窮者自立支援制度」（WEBサイト参照（p.170））

知識

価値

考え方

権利擁護

スキル
面接力

スキル
情報収集

スキル
聞く力

スキル
つながる

スキル
つなげる

ルール

運営
経営

見立て
手立て

# 第3章 運営・管理・報酬編

# 1 運営基準

## Q158 相談支援専門員の資格要件 

相談支援専門員の資格要件は？

**A 一定の実務経験に加えて「相談支援従事者研修」の受講修了が要件となる。**

相談支援専門員は、障害特性や障害者の生活実態に関する詳細な知識と経験が必要であることから、一定の実務経験（3年、5年、10年）に加えて都道府県等が実施する「相談支援従事者研修」を受講し修了することが要件です。

実務経験は、障害者の保健・医療・福祉・就労・教育の分野における相談支援の業務、それらの介護等の直接支援業務とされています。

都道府県等が実施する「相談支援従事者研修」は、相談支援専門員になるための「初任者研修」と相談支援専門員の資質の維持、向上をはかるために5年ごとに1回受講が必要な「現任研修」、そのほか「専門コース別研修」があります。

なお、現任研修受講後に通算して3年以上の実務経験等があるものは主任相談支援専門員研修を修了することで主任相談支援専門員として配置することが可能です。

# Q159 常勤換算方法の計算 

## 常勤換算方式の計算方法は？

**A 以下のとおりである。**

（指定特定）相談支援事業所の相談支援専門員については常勤換算方法により、必要な員数の配置が求められるものではありませんが、指定申請の際に提出する「従業者の勤務の体制及び勤務形態一覧表」には常勤換算後の人数を記入する欄があります。

委託相談（障害者相談支援事業等）や自立生活援助事業と兼務する場合は、兼務に従事する勤務時間数を除いて記載する必要があります。

なお、常勤換算方式の計算方法は、当該事業所の従業者の勤務延べ時間数を当該事業所において常勤の従業者が勤務すべき時間数で除することにより、当該事業所の従業者の員数を常勤の従業者の員数に換算する方法をいいます。この場合の勤務時間数は、当該事業所の指定に係る事業のサービスに従事する勤務延べ時間数になります。

# Q160 人員配置 

## （指定特定）相談支援事業所を開設するための、人員配置基準は？

**A 管理者と相談支援専門員を１名以上配置する必要がある。**

運営基準※第３条において、特定相談支援事業所ごとに専らその職務に従事（常勤・非常勤は問わない）する相談支援専門員を置かなければならないとされていますが、業務に支障がない場合は、他の職務に従事（兼務）させることができるものとされています。

また、第４条において、管理者は原則として専従。ただし、当該事業所の管理業務に支障がないときは、当該指定特定相談支援事業所の他の業務や他の事業所、施設等の職務に従事させることができ

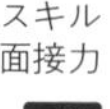

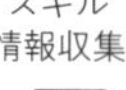

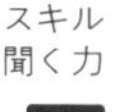

見立て
手立て

ます。

公平、中立な相談支援を効果的に実施するためには、できるだけ兼務の配置を避けて専従の従業者を配置することが望ましいでしょう。

※ 障害者の日常生活及び社会生活を総合的に支援するための法律に基づく指定計画相談支援の事業の人員及び運営に関する基準（平成24年厚生労働省令第28号）

## Q161 常勤専従職員が産休・育休等を取得する場合

### 常勤専従職員が産休・育休等を取得する場合、人員配置基準や加算などに影響してしまうのか？

### A 影響がでる場合もあるが、人員配置基準を満たすための特例がある。

令和３年度の障害福祉サービス等報酬改定において、障害福祉の現場において、仕事と育児や介護との両立が可能となる環境整備を進め、職員の離職防止・定着促進を図る見直しが行われ、育児・介護休業法※1による育児の短時間勤務制度を利用する場合に加え、介護の短時間勤務制度や、男女雇用機会均等法※2による母性健康管理措置としての勤務時間の短縮等を利用する場合についても、30時間以上の勤務で、常勤扱いとする取り扱いが認められました。

また、特例として、「常勤」での配置が求められる職員が、産前産後休業、育児・介護休業を取得した場合に、同等の資質を有する複数の非常勤職員を常勤換算することで、人員配置基準を満たすことが認められました。

ここでいう「同等の資質を有する」とは、当該休業を取得した職員の配置により満たしていた、勤続年数や所定の研修の修了など各施設基準や加算の算定要件として定められた資質を満たすことを指しています。

※1 育児休業、介護休業等育児又は家族介護を行う労働者の福祉に関する法律（平成３年法律第76号）

※2 雇用の分野における男女の均等な機会及び待遇の確保等に関する法律（昭和47年法律第113号）

# Q162 自立生活援助の人員配置

## （指定特定）相談支援事業所で自立生活援助事業を実施する際、人員配置や兼務について注意する点を教えてほしい。

**１名以上の地域生活支援やサービス管理責任者の配置が必要である。**

特定相談支援事業所等が自立生活援助を併せて実施する場合においては兼務が認められていることから、例えば、特定相談支援事業所に２名以上の相談支援専門員を配置している場合は、自立生活援助事業所のサービス管理責任者と地域生活支援員として届出ることにより事業の実施が可能となります。

また、令和３年度よりサービス管理責任者と地域生活支援員の兼務が可能になった（サービス管理責任者と兼務する地域生活支援員は0.5とみなして算定）ことから、１名配置の特定相談支援事業所でも自立生活援助（サービス管理責任者の資格が必要）を届出ることで、利用者14名までは算定が可能となっています※。

※　障害者の日常生活及び社会生活を総合的に支援するための法律に基づく指定障害福祉サービスの事業等の人員、設備及び運営に関する基準（平成18年厚生労働省令第171号）

# Q163 ピアサポーターの配置

## ピアサポーターを配置したいが、基準や要件はあるか？

**所定の研修修了（障害者と管理者等の両者）と事業所内研修や公表が必要である。**

利用者と同じ目線に立った相談・助言等を行うため、令和３年度の障害福祉サービス等報酬改定において、特定相談支援事業所等に「**ピアサポート体制加算**※」が新設されました。

地域生活支援事業として行われる研修の課程を修了し、修了証の交付を受けた者であって、常勤換算方法で0.5以上配置していることが要件となっています。

算定にあたっては、配置される障害者と管理者等の両者の研修修

知識

価値

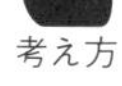
考え方

権利擁護

スキル
面接力

スキル
情報収集

スキル
聞く力

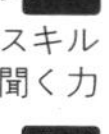
スキル
つながる

スキル
つなげる

ルール

運営
経営

見立て
手立て

了が必要であり、年１回以上従業者に対して障害者に対する配慮等の関する研修の実施が必要です。なお、ピアサポーターを配置している旨を公表することも要件になっています。

また、令和６年３月31日までの経過措置として「都道府県知事又は市町村長が認める研修」も可となっており、管理者等が研修を受講していない場合も認められています。

※　厚生労働大臣が定める基準（平成18年厚生労働省告示第543号）第39号

## Q164 指定障害児相談支援事業を実施したい場合

### 障害児のみを対象にして相談支援事業を実施したいと思いますが、どのように指定を受ければよいか？

**A 指定特定相談支援事業所および指定障害児相談支援事業所の両方の指定を受けることが基本。**

平成24年２月20日の厚生労働省全国障害保健福祉主管課長会議資料において、障害児については、障害者総合支援法※に基づく障害福祉サービスおよび児童福祉法に基づく障害児通所支援のサービスについて一体的に判断することが望ましいことから、基本的には指定特定相談支援事業所および指定障害児相談支援事業所の両方の指定を受けることが基本とされています。

この場合「障害児相談支援事業所」と「特定相談支援事業所」の両方の指定を受けた事業者について、運営規程に対象者を障害児のみとすることは可能とされています。

障害児から障害者へのライフステージの移行をスムーズに行う観点からは、特定相談支援事業所と障害児相談支援事業所両方の指定を受けることが望ましいでしょう。

※　障害者の日常生活及び社会生活を総合的に支援するための法律（平成17年法律第123号）

# Q165 従たる事業所 

## 従たる事業所を設置したいと思うが、どのような点に気をつければよいか？

**A 両事業所の移動距離が30分以内であることや、両事業所の管理運営を一体的に行うことが必要。**

令和３年度の障害福祉サービス等報酬改定において従たる事業所の設置ができる（特例）こととされました。

特定相談支援事業所の指定※は、原則として事業所ごとに行われますが、それぞれの事業所に専従の相談支援専門員を１人以上配置すること、両事業所の移動距離が30分以内であること、利用者の申し込みに係る調整や職員に対する技術指導が一体的に行われること、勤務体制、勤務内容が一元的に管理されていること、苦情処理や損害賠償等に際して一体的な対応ができる体制にあること、同一の運営規程が定められていること、人事・給与・福利厚生等による職員管理が一元的に行われるとともに、それぞれの会計が一元的に管理されていることが必要となります。

※　障害者の日常生活及び社会生活を総合的に支援するための法律に基づく指定計画相談支援の事業の人員及び運営に関する基準　第４条の２

知識

価値

考え方

権利擁護

スキル
面接力

スキル
情報収集

スキル
聞く力

スキル
つながる

スキル
つなげる

ルール

運営
経営

見立て
手立て

# 2 管理業務

## Q166 管理者の役割

管理者が担う役割について教えてほしい。

**A 管理者は運営基準に基づいた運営管理と従業者に関係法令等を遵守させるほか、労務管理も行う。**

管理者は、従業者の管理、計画相談支援の利用の申し込みに係る調整、業務の実施状況の把握、その他の管理を一体的に行うほか、従業者に関係法令等の規定を遵守させるため必要な指揮命令を行うこととされています※。

従業者が提供する相談支援のサービスの質を確保するために必要な指導や助言、研修への派遣、事業所内外における事例検討の実施等を行います。

また、採用や退職にかかる人事管理や適切な労働時間の管理、ハラスメントの防止対策、ストレスチェックなどの労務管理も必要です。

正確な報酬請求はもちろんのこと収支管理や建物や設備の維持管理も重要な役割です。

※ 障害者の日常生活及び社会生活を総合的に支援するための法律に基づく指定計画相談支援の事業の人員及び運営に関する基準（平成24年厚生労働省令第28号）第４条

# Q167 事故対応

## 書類の紛失等の事故があった場合はどのように対応したらよいか？

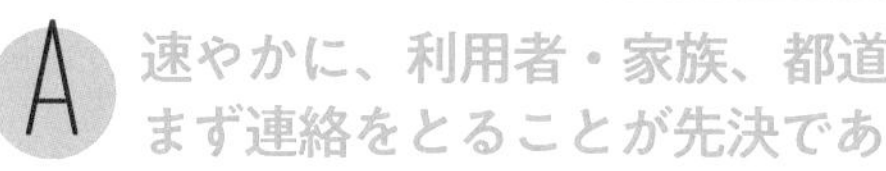

**A 速やかに、利用者・家族、都道府県、市町村等にまず連絡をとることが先決である。**

「障害者の日常生活及び社会生活を総合的に支援するための法律に基づく指定計画相談支援の事業の人員及び運営に関する基準」(以下、「運営基準」）第28条において、「特定相談支援事業者は、利用者等に対する指定計画相談支援の提供により事故が発生した場合は、都道府県、市町村、当該利用者の家族等に連絡を行うとともに、必要な措置を講じなければならない。特定相談支援事業者は、前項の事故の状況及び事故に際して採った処置について、記録しなければならない」とされています。

管理者は日頃より、従業者に対して事業所外に必要以外の書類や電子データ等を持ち出さない、持ち出す際には持ち出し簿に記載するなど紛失等の事故が発生しないように予防策を講じることが必要です。また、書類の紛失がないか定期的に点検することも必要でしょう。

書類の紛失等の事故が発生した場合は、前述のとおり、速やかに利用者・家族、都道府県、市町村等に連絡を行うとともに、事故の状況および対応したことについて記録を行うことが必要です。

事故発生時は迅速な報告を行い、管理者が先頭に立って誠実に対応します。そして、事故後の検証を行い、再発を防止するとともに日頃からヒヤリハットにも取り組んで従業者の危機意識を高めておくことが重要です。

# Q168 ハラスメント対策の強化

## ハラスメントへの対応について教えてほしい。

**A 事業所ごとにハラスメントの方針の明確化と従業員への周知等が必要である。**

働き方改革の理念を定めた「改正労働施策総合推進法」※1は令和

知識

価値

考え方

権利擁護

スキル
面接力

スキル
情報収集

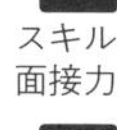
スキル
聞く力

スキル
つながる

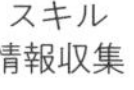
スキル
つなげる

ルール

運営
経営

見立て
手立て

２年６月１日より施行され､企業にパワーハラスメント（パワハラ）の防止義務を課したことから、パワハラ防止法とも呼ばれており、パワハラの基準を法律によって定めることで、事業所側に相談窓口の設置や再発防止策などを求めています

運営基準第20条第４項においては、「職場において行われる性的な言動又は優越的な関係を背景とした言動であって業務上必要かつ相当な範囲を超えたものにより従業者の就業環境が害されることを防止するための方針の明確化等の必要な措置を講じなければならない。」とされています。

特定相談支援事業所に義務づけられていることは、方針の明確化およびその周知・啓発、相談に対応する担当者を定めて従業者に周知することであり、パワーハラスメント防止については、中小企業も令和４年４月１日から義務化されています。なお、パワーハラスメント指針においては、顧客（利用者）等からの著しい迷惑行為の防止策を検討しておくことも重要です※２。

※１　労働施策の総合的な推進並びに労働者の雇用の安定及び職業生活の充実等に関する法律（昭和41年法律第132号）

※２　厚生労働省「職場におけるハラスメントの防止のために」（WEBサイト参照（p.170））

## Q169 押印の取り扱い 

### 契約書や「計画」には、押印してもらう必要があるか。それとも署名のみでもよいか？

### A 押印がなくとも契約の効力には影響がないので、署名のみでもよい。

「押印についてのQ&A（令和２年６月19日内閣府・法務省・経済産業省）」の**問１**において、契約書に押印をしなくても、法律違反にならないかの問いに対して、「私法上、契約は当事者の意思の合致により、成立するものであり、書面の作成及びその書面への押印は、特段の定めがある場合を除き、必要な要件とはされていない。」と記載されています。

運営基準のなかではさまざまな書類について利用者またはその家族に対しての説明と同意が求められています。その同意の手段として署名や押印の方法をとってきましたが、令和３年度の障害福祉

サービス等報酬改定において、運営基準第31条第２項のなかで「交付、説明、同意その他これらに類するもののうち、この省令の規定において書面で行うことが規定されている又は想定されているものについては、当該交付等の相手方の承諾を得て（中略）、書面に代えて、電磁的方法によることができる。」とされました。

書面に代えた電磁的方法とは、電子メールにより利用者が同意の意思表示をする方法が考えられます。電磁的方法が可能となったものは、契約書、計画、重要事項説明書、個人情報使用同意書等が考えられますが、詳しくは各市町村に確認が必要です。

## Q170 個人情報の管理

### 事業所での個人情報の管理について、注意すべきことがあれば教えてほしい。

### A 個人情報の漏洩を予防する対策（鍵付き書庫での保管等）を講じる。

運営基準第24条において、「正当な理由がなく、業務上知りえた利用者又はその家族の秘密を漏らしてはならない。秘密を漏らすことがないよう、必要な措置を講じなければならない。サービス担当者会議等において、個人情報を用いる場合は、あらかじめ文書により同意を得ていなければならない。」とされています。

必要な措置としては、事業所内設備対策（鍵付き書庫やパソコン等からの情報漏洩の対策等）や従業者の採用時と離職時に守秘義務を誓約する書面を取り交わすことなどが考えられます。あらかじめ文書により同意を得ておくことが必要です。

また、相談支援専門員は立場上、サービス担当者会議等において複数の関係機関と個人情報をやりとりする機会が多くなりますので、サービス提供開始時に利用者およびその家族から関係機関との情報連携に備えて包括的な同意を得ておくことも必要です。

## Q171 業務継続に向けた取り組みの強化（BCP）

**業務継続計画（BCP）を作成するにあたり、ポイントや参考になるものなどはあるか？**

**A 以下のとおりである。**

「障害福祉サービス事業所等における業務継続ガイドライン等について（令和２年12月28日事務連絡）」「障害福祉サービス事業所等における業務継続計画（BCP）作成支援に関する研修について（令和３年３月17日事務連絡）」※が参考になります。

令和３年度障害福祉サービス等報酬改定において、すべての障害福祉サービス等事業者はBCPを策定し、その内容を従業者に周知するとともに、必要な研修及び訓練を定期的に実施することが義務づけられましたが、令和６年３月31日までの経過措置が設けられています。

※　令和３年度障害者総合推進事業「障害福祉サービス事業所等における自然災害発生時の業務継続計画（BCP）作成支援に関する研修」（WEBサイト参照（p.170））

## Q172 標準担当件数とその管理

**標準担当件数が定められたが、兼務している場合や短時間勤務の職員も含めて、どのように件数を設定し管理していけばよいか？**

**A 特定相談支援等では兼務や短時間勤務者も１人の相談支援専門員数として計算する。**

平成30年度の障害福祉サービス等報酬改定において、質の高い相談支援を提供することの一環として、１月の標準担当件数が35件と設定されました。

基本報酬の（Ⅰ）を算定する場合は、当該事業所全体（障害児相談支援も含む）の取扱件数（１月間に計画作成またはモニタリングを行った計画相談支援対象障害者等の数（前６月の平均値）÷相談支援専門員の員数（前６月の平均値））が40以下である必要があります※。

特定相談支援には常勤換算がないことから、ここでいう相談支援専門員の員数は、例えば1.5人配置の事業所であっても、員数としては２人で計算することになります。

なお、利用者の状況により必要となるモニタリング頻度が異なることから、１人の相談支援専門員が受けもつ件数や人数には制限が設けられていません。よって、相談支援専門員の力量や業務量に応じた柔軟な管理をすることが必要です。

※　障害者の日常生活及び社会生活を総合的に支援するための法律に基づく指定計画相談支援の事業の人員及び運営に関する基準　第３条

## Q173 「計画」やモニタリングの管理

**事業所内での「計画」やモニタリングの内容のチェック、管理をどのようにしていけばよいか。**

### 定期的なチェック体制が必要である。

法令遵守の観点から、実地検査の前になって慌てて各書類を確認するのではなく、日頃から必要な書類がわかりやすくつづられているかどうかを定期的に事業所の全職員で保管状況をチェックする体制を設けるとよいでしょう。

質の高い相談支援を提供する観点から、事業所内で「計画」やモニタリング記録のチェックを行うことは有効な取り組みです。その場合、記載内容だけでなくケアマネジメントプロセスに沿って、アセスメント、ニーズ把握、サービス等の提供およびモニタリングの着眼点の適切性などについて包括的にチェックするほか、必要に応じて相談支援専門員に同行するなどして、面接技法やケア会議手法等について適切であるかチェックすることも大切です。

また、事業所内の評価にとどまらず、基幹相談支援センターが実施するモニタリング検証や地域の事例検討に参画したり事例を提供するなどして、外部の評価を積極的に受けることも大切です。

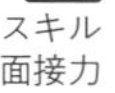

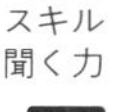

見立て
手立て

# 3 報酬

## Q174 主任相談支援専門員配置加算 

### 主任相談支援専門員配置加算を算定するうえでの留意事項を教えてほしい。

**A 常勤かつ専従の主任相談支援専門員を配置すること。**

相談支援従事者主任研修を終了した常勤かつ専従の主任相談支援専門員を事業所に配置したうえで、当該事業所または当該事業所以外の従業者に対し当該主任相談支援専門員がその資質の向上のための研修を実施した場合に**主任相談支援専門員配置加算**が算定できます※。

ここで言うところの「資質向上のための研修を実施した場合」は、①利用者に関する情報またはサービス提供にあたっての留意事項に係る伝達等を目的とした会議の開催、②新規採用した相談支援専門員すべてに対する主任の同行による研修の実施、③事業所の全相談支援専門員に対して地域づくり、人材育成、困難事例の対応など援助技術の向上等を目的とした指導、助言、④基幹相談支援センター等が実施する事例検討会への参加のすべてを満たす必要があることに留意が必要です。

上記のことから、主任相談支援専門員には事業所内はもとより地域の相談支援専門員の人材育成を期待されています。よって、基幹相談支援センター等と連携してスーパービジョンの力量等の向上を図るなど、継続的に自己研鑽に取り組む必要があります。

※　障害者の日常生活及び社会生活を総合的に支援するための法律に基づく指定計画相談支援に要する費用の額の算定に関する基準に基づき厚生労働大臣が定める者（平成30年厚生労働省告示第115号）

# Q175 機能強化型サービス利用支援費

## 機能強化型サービス利用支援費（Ⅰ）～（Ⅳ）の違いを教えてほしい。

**（Ⅰ）～（Ⅳ）の違いについては、以下のとおりである。**

令和３年度の障害福祉サービス等報酬改定において、支援困難ケースへの積極的な対応を行うほか、専門性の高い人材を確保し、質の高いマネジメントを実施している事業所を評価し、地域全体のマネジメントの質の向上に資することを目的として、それまでの特定事業所加算を廃止し、**機能強化型サービス利用支援費**が（Ⅰ）～（Ⅳ）の類型で新設されました。

**表３-１　機能強化型サービス利用支援費**

| 要件 | 機強Ⅰ | 機強Ⅱ | 機強Ⅲ | 機強Ⅳ |
|---|---|---|---|---|
| 常勤かつ専従４人以上配置<br>内１人は現任修了者 | ○ | | | |
| 常勤かつ専従３人以上配置<br>内１人は現任修了者 | | ○ | | |
| 常勤かつ専従２人以上配置<br>内１人は現任修了者 | | | ○ | |
| 専従２名以上配置<br>内１人は常勤専従かつ現任修了者 | | | | ○ |
| 定期的な会議開催 | ○ | ○ | ○ | ○ |
| 24時間体制 | ○ | ○ | | |
| 現任修了者の同行研修 | ○ | ○ | ○ | ○ |
| 支援困難ケースの対応 | ○ | ○ | ○ | ○ |
| 事例検討会の参加 | ○ | ○ | ○ | ○ |
| １月の件数１人40件未満 | ○ | ○ | ○ | ○ |

対象となる事業所は、「公正中立性を確保し、サービス提供主体からも実質的に独立した事業所であること」「常勤かつ専従の相談支援専門員が配置され、どのような支援困難ケースでも適切に支援でき

る体制が整備されており、市町村や基幹相談支援センター等との連携体制が確保されているほか、協議会との連携や参画が強く望まれるものである」とされています。

## Q176 複数事業所の協働

**複数の相談支援事業所が協働体制を確保する場合に締結する協定書はどのような内容を記載する必要があるか教えてほしい。**

**A 以下のとおりである。**

「令和3年度障害福祉サービス等報酬改定等に関するQ&A VOL.2(令和3年4月8日)」には、以下のように示されています※。

> 問32　協働体制を確保すべき事業所間で締結すべき協定の事項は何か。
> (答)
> 少なくとも以下に示す事項を含む協定を締結することが必要である。
> 協定の締結年月日、協定を締結する事業所名、協定の目的、協働により確保する体制の内容、協働体制が維持されていることの確認方法、協働する事業所の義務、協定が無効や解除となる場合の事由や措置、秘密保持、協定の有効期間。

※　日本相談支援専門員協会「指定特定支援事業所間一体的運営のための協議書案」

## Q177 時間体制とは

**24時間体制をどのように組んでいるか具体的な事例を交えて教えてほしい。**

**A 従業者が輪番制で対応している事業所が多い。**

現場ではさまざまな工夫がなされていると思いますが、まずもって日頃の相談支援において利用者の変化を早期に把握できるようにモニタリングを行い、利用者の不安や緊急事態が発生しないようにきめ細やかにマネジメントすることが大切です。

そのうえで、従業者の負担軽減のために輪番制で対応している事業所が多いと思われます。法人内で夜間当直体制を備えているところは当直者が受け付けた後、必要に応じて担当者に連絡を取る事業所もあります。

また、拘束時間に対する手当や対応した時間帯に応じて超過勤務手当を支給する事業所が多いようです。なお、携帯電話当番の担当者の待機場所を自宅等に限定するなど、待機中の過ごし方について強く拘束する場合は労働時間と判断される場合があるので留意が必要です。

## Q178 集中支援加算

**集中支援加算を算定するポイントを教えてほしい。**

令和３年度の障害福祉サービス等報酬改定において新設された加算であり、従来評価されていなかった、報酬算定月以外の業務について評価されています。「（月２回以上）訪問面接」「会議開催」「会議参加」の三つであり、この三つはそれぞれの条件を満たせば併給が可能です。

なお、「会議開催」については、利用者・家族の参加が算定の要件であるほか、サービス利用支援、継続サービス利用支援、入院時情報連携加算、退院・退所加算との併給は不可であることに留意が必要です。

知識

価値

考え方

権利擁護

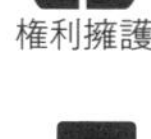
スキル
面接力

スキル
情報収集

スキル
聞く力

スキル
つながる

スキル
つなげる

ルール

運営
経営

見立て
手立て

## Q179

ピアサポート体制加算

### ピアサポート体制加算を算定するための要件と算定できるサービスメニューについて教えてほしい。

**A 所定の研修修了（障害者と管理者等の両者）と事業所内研修・公表が要件。**

令和３年度の障害福祉サービス等報酬改定により、ピアサポートの専門性について、利用者と同じ目線に立って相談・助言等を行うことにより、本人の自立に向けた意欲の向上や地域生活を続けるうえでの不安の解消などに効果があることを踏まえ、一定の要件を設けたうえで、加算により評価するとされました。

「ピアサポート体制加算」の対象事業となるのは「計画相談支援」「障害児相談支援」「自立生活援助」「地域移行支援」「地域定着支援」の五つであり、常勤換算方法で0.5以上配置することで算定が可能です※。

また「就労継続支援Ｂ型」では「ピアサポート実施加算」としてピアサポート体制加算とは別に新設されています。

※　厚生労働大臣が定める基準（平成18年厚生労働省告示第543号）第39号

## Q180

初回加算

### 令和３年度に改定された初回加算の変更点を教えてほしい。

**A 契約から「計画案」を利用者に交付するまでに一定期間が経過した場合に算定できる。**

計画相談支援における初回加算は、初めて計画相談支援を利用する場合に詳細なアセスメントが必要になることから、平成30年度の障害福祉サービス等報酬改定で新設（障害児相談支援については既設）されましたが、令和３年度に更なる見直しが行われました。

その見直しとは、指定計画相談支援の利用に係る契約をした日の属する月から「計画」案を利用者に交付した日の属する月までの期間が３か月を超える場合であって、４か月目以降に月２回以上、利用者の居宅等（障害児の場合は居宅に限る。）に訪問し利用者およびその家族と面接を行った場合に３回を限度として算定できるという内容です。

つまり、最大で４か月目、５か月目、６か月目が算定できるということであり、請求方法は通常の初回加算の請求時にまとめて行います。

## Q181 精神障害者支援体制加算

### 精神障害者支援体制加算の対象になる研修を教えてほしい。

**地域生活支援事業による精神障害者支援の障害特性と支援技法を学ぶ研修等が該当する。**

精神障害者の特性およびこれに応じた支援技法等に関する研修とは、地域生活支援事業通知※の「別紙１　地域生活支援事業実施要綱　別記１－17⑻に定める精神障害関係従事者養成研修事業、もしくは⑼精神障害者支援の障害特性と支援技法を学ぶ研修事業」、または同通知の「別紙２　地域生活支援促進事業実施要綱　別記２－20⑾に定める精神障害にも対応した地域包括ケアシステムの構築推進事業において行われる精神障害者の地域移行・地域定着関係職員に対する研修」、その他これに準ずるものとして都道府県知事が認める研修になります。

各都道府県等で実施状況が異なりますので、上記を参照のうえ、具体的にどの研修が該当するかについては、各都道府県等の担当課に確認してください。

なお、研修を修了し、専門的な知識および支援技術をもつ相談支援専門員を事業所に配置したうえで、体制が整備されている旨を事業所に掲示するとともに、その旨を公表している場合に算定できます。

また、精神障害者等から利用申込みがあった場合に、利用者の障害特性に対応できないことを理由にサービスの提供を拒むことは認められません。

※　地域生活支援事業等の実施について（平成18年障発第0801002号）

知識

価値

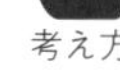
考え方

権利擁護

スキル
面接力

スキル
情報収集

スキル
聞く力

スキル
つながる

スキル
つなげる

ルール

運営
経営
見立て
手立て

## Q182 地域生活支援拠点等相談強化加算

**地域生活支援拠点等相談強化加算の拠点施設になるためにはどうしたらいいか教えてほしい。**

**A 市町村に届け出たうえで、市町村から認めてもらう必要がある。**

地域生活支援拠点等相談強化加算は、緊急に支援が必要な事態が生じた利用者に対して、本人またはその家族からの要請に基づき速やかに指定短期入所事業所に対して必要な情報の提供や利用に関する調整を行った場合に算定できるものですが、算定には地域生活支援拠点等の機能を担う事業所として市町村の認定が必要です。

拠点施設になるためには、運営規程に拠点等を担う事業所として各種機能を実施することを規定し、当該事業所であることを市町村に届け出たうえで、市町村が当該事業所として認定し、市町村の地域生活支援拠点認定事業所名簿に登録することをもって認定が完了します。

## Q183 居住支援連携体制加算

**令和3年度に新設された居住支援連携体制加算ってなんですか？**

**A 自立生活援助、地域移行支援、地域定着支援に限って新設された加算である。**

居住支援連携体制加算は、自立生活援助、地域移行支援、地域定着支援に限って新設された加算で都道府県への届出が必要です。

居住支援法人や居住支援協議会と連携し、月に1回以上住宅の確保および居住支援に係る必要な情報共有を行った場合に算定が可能ですが、必要な情報の範囲や情報の共有方法および記録の整備内容等が留意事項通知で示されていますのでご確認ください。なお、体制を確保している旨を公表していることが必要です。

なお、居住支援法人とは、正式には「住宅確保要配慮者居住支援法人」であり、住宅確保要配慮者に対する賃貸住宅の供給の促進に関する法律（平成19年法律第112号）第40条に規定されています。また、居住支援協議会とは、正式には「住宅確保要配慮者居住支援協議会」であり、同法第51条に規定されています。

## Q184 日常生活支援情報提供加算

**日常生活支援情報提供加算はどのような目的で新設されたのか教えてほしい。**

**A 精神保健医療と福祉の情報連携の推進を図り、精神障害者の日常生活を維持することが目的。**

精神障害の支援においては必要な医療と生活の支援の両方が必要な方がおり、医療と福祉の円滑な情報連携が利用者の地域生活の継続に重要です。

精神科病院等に通院する者の自立した日常生活を維持する観点から、服薬管理が不十分である場合や生活リズムが崩れている場合など精神科病院等との情報連携が必要であると認められる場合に、あらかじめ利用者の同意を得て情報連携を図り、地域生活を支える目的で新設されました。

## Q185 地域体制強化共同支援加算

**地域体制強化共同支援加算ってなんですか。**

**A 地域の社会資源の開発および連携体制の強化を目的とした加算である。**

平成30年度の障害福祉サービス等報酬改定において創設された加算であり、地域生活支援拠点等の必要な地域の体制づくりの機能として、地域のさまざまなニーズに対応できるサービス提供体制の確保や、地域の社会資源の連携体制の構築を行うことを目的としています。

地域体制強化共同支援加算は、支援が困難な利用者等に対して、相談支援事業所の相談支援専門員と福祉サービス等を提供する事業者の職員等（３者以上との共同が必要）が、当該利用者についての

情報共有および支援内容の検討を行ったうえで、在宅での療養上必要な説明および指導を共同して実施するとともに、地域課題を整理し協議会等に報告を行った場合を評価する加算で、利用者１人について月１回の算定が可能です。

## Q186 オンラインでの担当者会議やモニタリングなどの取り扱い

**オンラインで担当者会議やモニタリングを実施した場合、どのように取り扱われるのか。**

**A 担当者会議等は一部オンラインが認められたが、モニタリングは対面が基本である。**

感染対策の一環として近年ICTの活用が進んでいます。令和３年度の障害福祉サービス等報酬改定において、障害福祉現場の業務効率化を図るため相談支援の関係では、担当者会議、事例検討会、感染症対策委員会、虐待防止委員会、居住支援連携体制加算に限ってテレビ電話装置等の活用により実施できるものとされました。

モニタリングについては特段の定めはありませんので、基本は対面によるものと解釈できますが、感染防止等が必要な場合は、利用者や家族の希望にもとづいて市町村の個別の判断により対応することになります。

# 4 スキルアップ・自己研鑽

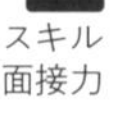

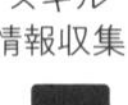

見立て
手立て

## Q187 専門職の心構え

### 福祉専門職としての心構えの基本を教えてほしい。

### A 専門職として日々の研鑽を怠らない姿勢が大切。

専門職ならば日頃からのトレーニングや自己研鑽を怠らない姿勢を心構えの基本においてほしいです。**自分の仕事に漫然とせず、相談者から学ぶ姿勢**をもって業務にあたりましょう。

例えば、あなたがもし病気になって入院し、手術が必要となったとき、どんな外科医に手術をしてもらいたいですか。

① 漫然と仕事をしていて、日々の仕事から学ぶ姿勢がない外科医
② 意欲的に仕事をしていて、常に向上心をもっている外科医

少なくとも私は、後者の意欲的で向上心のある外科医のほうが信頼できます。それに、医療分野に限らず福祉分野も日進月歩ですから、学ぶ姿勢がなければ取り残されてしまうでしょう。

また、相談支援専門員は、日々の業務のなかで自分の支援が当事者に対して有用だったのか、間違いはなかったのかなどの悩みはつきません。ですから、定期的に自分の支援を他人に開示して、実践から学ぶ姿勢が重要です。具体的には、事例検討やスーパービジョンなどを通常業務に位置づけ、自己の仕事を検証する場・環境をつくり出すことです。対人支援に正解はないといった、謙虚な姿勢をもちつつ、自己研鑽に励みたいものです※。

※ 〔参考〕自己研鑽につながる書籍をp.168に掲載。

## Q188 スキルアップと仲間づくり

### 相談支援専門員として専門性を向上させるにはどうすればよいか？

**A 仲間や後輩とともに学ぶことでスキルアップを図る。**

相談支援専門員の法定研修（初任者・現任者・主任研修）は、現場の実務者が講師の中心を担っています。これは、相談支援の実践者が普段の実務から得られている知見を福祉の理論に添加し、人材養成をすることで、受講者のみならず講師側も質の向上を図る意図があります。**理論と実践からの学びを繰り返す**ことで、質的な向上を図ることになります。

このように、相談支援専門員としての専門性の向上と後輩の育成が仕組みとして位置づけられており、その結果、職能団体として全国各地に相談支援専門員協会が設立されました※。協会が設立された地域では、人材育成の知見が組織として担保されつつあります。

相談支援専門員としての専門性の向上のためには、一人だけで努力するのではなく、同じ気持ちをもつ仲間をつくり、そして自分自身を常に学びの場に置くことが肝要だといえます。

※〔参考〕各都道府県協会連絡先をp.172に掲載。

## Q189 自己研鑽

### 資格の取得で専門性の向上を図れますか？

**A 資格取得も大事だが、人を支援する視点や価値を学ぶために広く人生勉強することが必要。**

資格取得は、そのためにさまざまな勉強をすることとなり、専門性向上の一助になることは確かです。しかし、資格取得に重点を置きすぎると大切なことを見失うおそれもあります。

なぜならば、私たちの仕事は、自身の個性や職業観・人間観・世界観などをものさしにしながら、利用者の有している価値を支援するものであり、言い換えれば相談支援の仕事は、工場でテレビや車を製造するような仕事と違い、**自分の存在そのものが、利用者支援の最大の資源・媒体**だといえるからです。ですから、「人材は育てるものでもあるが、自ら育つものでもある」という言葉のとおり、資格取得やさまざまな研修会等で得た知見を仕事や生活のなかにどう活かしていくか考え、さらに人として大きくなろうと自らを育てる努力をしていくことのほうがより大切なことなのです。

相談支援専門員の専門性向上に直接つながらないと思われるような、美しい音楽や絵画、彫刻などを鑑賞したり、別の分野の良書を読んで教養を深めるといったことが､実はとても大切なことであり、そうした人生勉強が、巡り巡って専門職としてのあなたを育てることになるのです。

専門職とは、優れた一個の人間あるいは心豊かな人間性を求め続け、常に学び続けるなかから形成されるものであり、それが相談者へのすばらしい実践につながるものであると考えます。

知識

価値

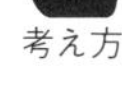
考え方

権利擁護

スキル
面接力
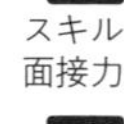

スキル
情報収集

スキル
聞く力

スキル
つながる
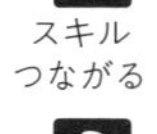

スキル
つなげる

ルール

運営
経営
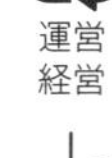

見立て
手立て

# その他

## Q190 基本相談支援①

## 基本相談支援とは、どのような相談のことをいうのか？

**A 以下のとおりである。**

「基本相談支援」業務は、すべての相談支援業務（計画相談支援、地域相談支援および障害児相談支援）において共通するベースとなるものです。障害者総合支援法※では以下のように明記されています。

> 第5条
> 18　この法律において「相談支援」とは、**基本相談支援**、地域相談支援及び計画相談支援をいい、「地域相談支援」とは、地域移行支援及び地域定着支援をいい、「計画相談支援」とは、サービス利用支援及び継続サービス利用支援をいい、「一般相談支援事業」とは、**基本相談支援**及び地域相談支援のいずれも行う事業をいい、「特定相談支援事業」とは、**基本相談支援**及び計画相談支援のいずれも行う事業をいう。
>
> 第5条
> 19　この法律において「**基本相談支援**」とは、地域の障害者等の福祉に関する各般の問題につき、障害者等、障害児の保護者又は障害者等の介護を行う者からの相談に応じ、必要な情報の提供及び助言を行い、併せてこれらの者と市町村及び第29条第2項に規定する指定障害福祉サービス事業者等との連絡調整（サービス利用支援及び継続サービス利用支援に関するものを除く。）その他の厚生労働省令で定める便宜を総合的に供与することをいう。

このように法において、基本相談が基盤として位置づけられていることがわかると思います。実際の相談支援場面においても、障害福祉に関するさまざまな相談に応じ、障害のある方やその家族からの相談内容に対して、情報提供や助言を行うほか、必要に応じて関係機関との連絡調整や情報共有等を行います。その際の留意点等については第１章の各Ｑを参照してください。なお、相談支援事業の全体像を図に示します。

※　障害者の日常生活及び社会生活を総合的に支援するための法律（平成17年法律第123号）

**図３－１　相談支援の全体像**

## Q191 基本相談支援②

## 基本相談支援と地域生活支援事業の相談支援事業との関係性を教えてほしい。

### 各地域において連携を促進することが重要。

地域生活支援事業の相談支援事業については地域生活支援事業要綱に以下のとおり規定されています。

> 市町村は、障害者等の福祉に関する各般の問題につき、障害者等からの相談に応じ、必要な情報の提供及び助言その他の障害福祉サービスの利用支援等、必要な支援を行うとともに、虐待の防止及びその早期発見のための関係機関との連絡調整その他の障害者等の権利擁護のために必要な援助（相談支援事業）を行う。

知識

価値

権利擁護

スキル
面接力

スキル
情報収集

スキル
聞く力

スキル
つながる

スキル
つなげる

ルール

運営
経営
見立て
手立て

また、こうした相談支援事業を効果的に実施するためには、**地域において障害者等を支えるネットワークの構築が不可欠**であることから、市町村は相談支援事業を実施するにあたっては、協議会を設置し、中立・公平な相談支援事業の実施のほか、地域の関係機関の連携強化、社会資源の開発・改善等を促進します。

この事業の実施主体は市町村ですが、指定特定相談支援事業者や指定一般相談支援事業者への委託もできます。具体的な事業内容としては、「福祉サービスの利用援助（情報提供、相談等）」や「社会支援を活用するための支援（各種支援施策に関する助言・指導）」などがあります。いわゆる、**委託相談（支援）**と呼称している地域が多いと思われます。相談者のニーズに適切な対応が取れるよう、各地で設置が進んでいる基幹相談支援センターも含めて相互の役割理解に基づいた連携と協働が求められます。

## Q192 通院同行

**相談支援専門員として通院同行をするべきか迷うことがある。判断のポイントを教えてほしい。**

**A 判断のポイントとしては、①目的、②代替え手段の検討、③組織的判断、④その他、がある。**

基本的に定期的な通院同行についてはプランニングされている事を前提としますので、Qの状況は突発的な場合や緊急時等が考えられます。

その場合の判断のポイントとして、まずは通院同行の目的（何のために）を明確にします。そのうえで、同行以外の代替え手段がないかを検討し、手段がない場合は組織的な判断を仰ぎます。併せて、同行時に事故があった際の対応や保障等も考慮しておく必要があります。

基本的には所属組織の考え方に従うべきですが、訪問時に単身相談者の健康状態不良のため、相談者の求めにより救急搬送対応の一環として、救急車両への乗車同行を自己判断で行う、というような場合もあるかもしれません。急を要する場合は、臨機応変な対応が求められますが、それでも**上司等に状況報告等を行うようにしておく**とよいでしょう。

なお、一人事業所の場合は、組織的判断は難しいと思われますので、事業所を設置運営している組織内での連携体制の構築や地域内における他事業所との連携体制の構築によってフォローをしていくことが重要となってくるでしょう※。

※　入院時情報連携加算や退院・退所加算については本Qでは扱いません。

## Q193　駐車場がない居宅への訪問

**駐車場がない居宅への訪問の場合、路上駐車するわけにもいかないので困ってしまう。何かよい方法があれば教えてほしい。**

### 道路交通法を遵守しつつ、代替手段がないか探る。

道路交通法（昭和35年法律第105号）第45条で「車両は、道路標識等により駐車が禁止されている道路の部分及び次に掲げるその他の道路の部分においては、駐車してはならない。ただし、公安委員会の定めるところにより警察署長の許可を受けたときは、この限りでない」と定められています。このほか、第45条第２項や第47条第２項、第３項に定めるところに従って、利用者の居宅の付近に駐車スペースがない場合は、代替手段を検討しましょう。

具体的には公共交通機関の利用や原動機付き自転車や電動自転車等の導入等のほか、近隣の駐車場の利用や定期訪問の場合は他相談支援専門員等と調整のうえ、同乗していくなどの対応も検討の余地があるでしょう。また、路上駐車が可能な場所であった場合にも必要な配慮として、①近隣住民への理解促進へのはたらきかけ、②使用車両への掲示なども考慮し、当該居宅に在住する相談者の利益を守りましょう。それが、**近隣住民の福祉への理解促進につながる可能性**もあります。ちなみに、集合住宅内の居宅への訪問にあたり、自治会へ相談したところ、来客用の駐車スペースの優先利用を許可され、その調整を契機に民生委員の見守りにつながったという事例もあります。

# Q194 虐待の疑いがあるときの対応 

## 相談者が家族から虐待を受けている場合がある場合、どのように対応したらよいか？

## A 障害者虐待防止法に基づき、市町村に通報する。

「障害者虐待の防止、障害者の養護者に対する支援等に関する法律」（平成23年法律第79号）の第６条にて「障害者の福祉に業務上関係のある団体や職員等は、障害者の虐待の早期発見に努めなければならない」と規定されています。また、第７条第１項に「虐待を受けたと思われる障害者を発見した者は、速やかに通報しなければならない」とされていることから、市町村への通報が必要です※。

なお、一般財団法人日本総合研究所の「令和２年度障害者虐待事案の未然防止のための調査研究一式調査研究事業報告書」（令和３年３月）によれば、「相談・通報・届出者」の内訳は「警察」が34.1%と最も高く、次いで「本人による届出」が15.9%、「施設・事業所の職員」が15.0%、「相談支援専門員」が14.6%であったとあり、障害者の虐待防止の早期発見や通報について相談支援専門員が高い割合を占めていることが示されています。

同報告書による事実確認調査の結果は、以下のとおりです。

**表３－２　事実確認調査の結果**

| | 件数 | 割合 |
|---|---|---|
| 虐待を受けたまたは受けたと思われたと判断した事例 | 1,655件 | 33.1% |
| 虐待ではないと判断した事例 | 2,305件 | 46.1% |
| 虐待の判断に至らなかった事例 | 1,042件 | 20.8% |

（注）　構成割合は、事実確認調査を行った件数5,002件に行ったもの

また、「養護者による障害者虐待」に限らず、「障害福祉施設従事者等による障害者虐待」でも「使用者による障害者虐待」でも同様の対応が求められます。

※　厚生労働省ホームページ「障害者虐待の防止、障害者の養護者に対する支援等に関する法律について」（WEBサイト参照（p.171））

## Q195 いわゆる「ごみ屋敷」への対応

### 家事援助では対応できない、いわゆる「ごみ屋敷」となっている方に対して、どのようにアプローチしたらよいか？

**相談支援専門員のみで対応せず、関係機関に相談し必要に応じて支援チームで対応を行う。**

いわゆる「ごみ屋敷」への対応については、どのような経過や事由から、「ごみ屋敷」状態に至ったのか、を正しく把握する必要があります。現象（いわゆる「ごみ屋敷」状態）ばかりに着目せず、構造的背景の理解に努め、また、ごみ屋敷の居住者だけでなく、近隣に対しての配慮等にも考慮した対応を行いましょう。

利用者本人の特性や疾病、あるいは意欲低下に至った事由の把握や、また時間的経過の視点から急変したのか、もともと予備軍（正式な表現ではない）であったのかなどの情報を整理することが肝要です。

また、本人等の居住者の健康状態や近隣の環境衛生保持への影響の程度等についても把握を行いましょう。

そのうえで、基幹相談支援センターや市町村担当者等との多職種連携協働体制を構築しましょう。

本人が支援拒否でない場合は本人も含めた会議を行うことも重要です。

「ごみ屋敷」について、その成り立ちにより、①ごみは宝物タイプ、②片づけられないタイプ、③混合タイプという三つのタイプがあるといわれています。こうしたタイプに合わせた対応が必要です。また、「ごみ屋敷」への対応については、制度や条例がないなかで、自由権と生存権の狭間でどのように対応したらよいのか、迷うことも多いでしょうが、まずは頻回に訪問して信頼関係をつくることから始めることが近道でしょう。

こうした支援実践の経験値は高齢者支援や生活困窮者支援関係者が有していることが多いことから、このような機関等から対応方法や留意点等について助言を得るなども有効だと思います。

併せてこのような支援実践を各地域で蓄積し、共有し、次の事案

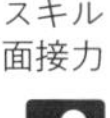

へ活かしていく、といった長期的視点も重要です。

## Q196 セルフプランの取り扱い

## 利用者本人がセルフプランを希望した場合は、どのように対応すればよいか？

**A 本人の意向を尊重し、丁寧な対応が必要である。**

セルフプランについては従来から、「障害者本人（又は保護者）のエンパワメントの観点からは望ましいものであるが、自治体が計画相談支援等の体制整備に向けた努力をしないまま安易に申請書をセルフプランに誘導するようなことは厳に慎むべき」※という方針が示されています。

この設問においては、本人がセルフプランを希望した場合とありますので、まずは本人の意向を尊重することが重要です。その際、制度上、セルフプランにはモニタリングが定められていないことの説明と同意や、必要に応じて計画作成補助等を行うことが重要です。また、状況によってはモニタリングに代わるものとして本人の状況を定期的に把握可能な支援体制の構築や本人への案内等も重要な視点です。

全国には、セルフプラン作成支援を基幹相談支援センター等が実施していたり、セルフプランの作成手引き等の案内を作成している自治体もありますので、自事業所の自治体や基幹相談支援センター等にセルフプラン作成支援状況について確認してみましょう。

相談支援専門員が一定期間、計画を作成した経過を踏まえ、本人が自らセルフプランの意向を表明した、といった事例もあるようです。

※　計画相談支援等に係る平成30年度報酬改定の内容等及び地域の相談支援体制の充実・強化に向けた取組について（平成30年障障発0330第１号）

## Q197

同じ家族のなかに複数の対象者 

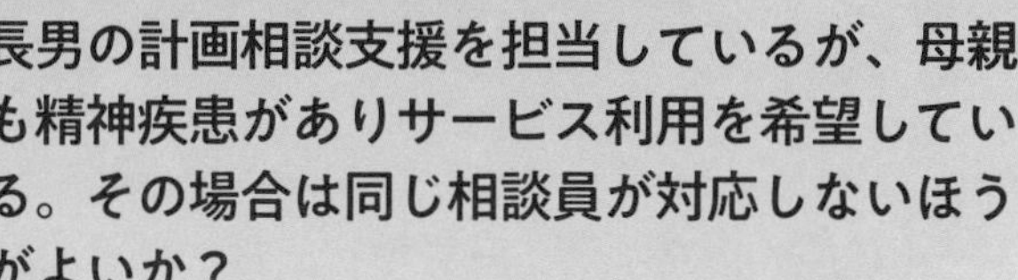

**長男の計画相談支援を担当しているが、母親も精神疾患がありサービス利用を希望している。その場合は同じ相談員が対応しないほうがよいか？**

**A 質問のとおり、できる限り担当者をわけるのが望ましい。**

ただし、導入にあたっては長男の計画作成担当者が介入し、母親の心的負担の軽減に努めるなどの配慮が必要です。例えば、長男の相談支援専門員への信頼等が母親のサービス利用希望につながった可能性もありますので、母親の同意のもと、他の相談支援専門員を紹介する際に同席するなどの配慮を行うことで母親の心的負担等の軽減が期待できます。

また、このケースに限らず複数の家族がそれぞれ複数の問題を抱えていて、それが家族間で複合し、家族機能の不全（虐待、ネグレクト）や生活問題の重層性（地域社会からの差別、偏見、不平等）などの問題を引き起こしてしまっているケースでは、世帯全体を俯瞰的に見る機関等が必要な場合もあります。

例えば、長男はA相談支援専門員が、母親はB相談支援専門員が担当し、世帯全体の状況については基幹相談支援センターの主任相談支援専門員に把握してもらい、定期的に当事者や行政機関等も含め世帯支援のための会議を行う、といった具合です。

個人を取り巻く環境の変化により、生きづらさやリスクの多様化・複雑化が顕在化しています。俗にいう**8050問題**など世帯の複合的なニーズやライフステージの変化に柔軟に対応できるよう、各地域の相談支援体制整備ならびに連携強化は急務といえます。

知識

価値

考え方

権利擁護

スキル
面接力

スキル
情報収集

スキル
聞く力
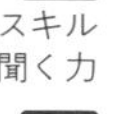
スキル
つながる

スキル
つなげる

ルール

運営
経営

見立て
手立て

# Q198 暫定支給決定

## 暫定の支給決定が可能なサービスについて教えてほしい。

**A 自立訓練、就労移行支援、就労継続支援A型が対象となる。**

訓練等給付にかかる障害福祉サービスは、利用者本人の希望を尊重し、その有する能力および適性に応じ、より適切なサービス利用を図る観点から、利用を希望するサービスについて、①当該サービスの継続利用についての利用者の最終的な意向確認、②当該サービスの利用が適切かどうかの客観的な判断、を行うために一定期間の支給決定を行います。これを暫定支給決定といいます。

**図3－2　訓練等給付を希望する場合（サービス利用手続き）**

相談・申し込み（相談支援事業者）（市町村）
↓
利用申請
↓
サービス等利用計画案の提出依頼（市町村）
↓
心身の状況に関する106項目のアセスメント（市町村）　勘案事項調査　（市町村）
↓
サービスの利用意向の聴取（市町村）
↓
サービス等利用計画案の提出
↓
**暫定支給決定（市町村）**
↓
申請者に暫定支給決定通知（市町村）
↓
サービス等利用計画の作成
↓
サービスを一定期間利用※
↓
個別支援計画
↓
支給決定（市町村）

（注1）サービスを一定期間利用
　サービス提供事業者は、暫定支給決定期間にかかるアセスメント内容、個別支援計画、支援実績訓練、就労に関する評価結果を市町村および指定特定相談支援事業者に提出。
①本人の利用意思の確認　②サービスが適切かどうかを確認
（注2）本人が引き続きサービスの継続を希望する場合、市町村は、サービス提供事業者から提出のあった書類や、指定特定相談支援事業者のモニタリング結果を踏まえ、サービスを継続することによる改善効果が見込まれるか否かを判断。必要に応じて、市町村審査会の意見を聴取します。

# Q199 ICTの活用 

## 相談支援業務におけるICTの活用や注意点などがあれば教えてほしい。

### A 以下のとおりである。

ICTとは情報通信技術のことで、コンピューターとコミュニケーションによって物事をすすめる技術のことであり、パソコンやスマートフォン、タブレット端末が普及し一般的に知られるようになりました。令和3年度障害福祉サービス等報酬改定における主な改定内容においても業務効率化のためのICTの活用が掲げられるなど、その活用が求められています。

一般的にICTは、職員・事業所間の記録業務等で使うか、相談支援場面で相談者と使うかの2種類が考えられますが、記録業務等の効率化についてICTの効果は大きく、導入している事業所等も多いと考えられます。

また、相談支援場面におけるコミュニケーションの円滑化や意思決定においても、効果が期待されており、例えば、手足が不自由なために画面に直接、触ることが難しい方でも、わずかな力で押せるスイッチや反応するセンサーがあり、有線で端末につなげばタブレット端末にインストールされたアプリの活用も可能かもしれません。また、画面を見つめるだけで操作が可能な視線入力装置なども開発されているなど、支援の幅が広がってきています。

一方で情報セキュリティの確保や提供側のICT活用スキル、また通信環境等の課題もあり、今後はこれらについての課題軽減や解消が求められます。

知識

価値

考え方

権利擁護

スキル
面接力

スキル
情報収集
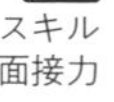

スキル
聞く力

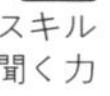
スキル
つながる

スキル
つなげる

ルール

運営
経営

見立て
手立て

# Q200 モニタリング結果の検証 

## 基幹相談支援センターや市町村が実施するモニタリング結果の検証とはどのようなことか？

**A** 以下のとおりである。

「計画相談支援等に係る平成30年度報酬改定の内容等及び地域の相談支援体制の充実・強化に向けた取組について」において、①各相談支援事業所の質の向上、公正・中立性を高めるため、相談支援事業所がモニタリング結果を市町村へ報告することおよび、②市町村が受領したモニタリング結果について検証を行うことが望ましいとしています。

そして、令和２年３月に出された公益財団法人日本障害者リハビリテーション協会「基幹相談支援センター等における市町村によるモニタリング結果の検証手法等に関する手引き」によれば、「モニタリング結果の検証は、質が高くかつ公正・中立性の担保された支援を提供するためにはどうしたらよいかについて、利用者の個別の支援を対象として実施するものです。これはすなわち、相談支援専門員が行う業務（支援）の検証にほかなりません。モニタリング（継続サービス利用支援）は計画作成（サービス利用支援）の結果を継続的に見直すものですから、その検証は、計画相談支援の支援（サービス提供）全般を検証するものであり、ケアマネジメントプロセス全体を検証するものとなります。」とあります。

このような視座に立って行われるのがモニタリング結果の検証です。また、その方法として、①事業所型検証モデル（個別モデル）と、②地域型検証モデル（集団モデル）の二つが想定されます。自地域ではどのように実施されているかについて市町村や基幹相談支援センターに問い合わせ、相談支援専門員として参画することにより、個別の支援力の向上だけでなく、他者の支援の追体験や気づきの獲得、同地域で活躍する相談支援専門員間の連携強化等、さまざまな効果が期待できます。

# Q201 宗教に熱心な利用者

## 宗教に熱心で、支援者としてはだまされていないかと心配している。やめてもらいたいと思っているが、どうしたらよいか？

### 本人の価値観の尊重と権利擁護の視点が重要。

宗教に関しては、日本国憲法第20条第１項の前段で「信教の自由は、何人に対してもこれを保障する。」と規定されています。よって、宗教を信じる・信じない自由が保障されるとともに、その価値観や考え方も尊重されなければなりません。まずは、その原則を押さえておく必要があります。

それを踏まえて、支援を進めていくうえでは、宗教が本人の生活や人生においてどのような影響を与え、どのように考えているかなどを知ることも重要です。人によっては、それが生きがいや不安を解消するための重要な存在となっている、あるいは心の拠り所になっていることもあります。

また、それを知ることで本人の価値観や大事にしていることなども見え、本人理解やアセスメントも深まっていきますので、まずはそのような視点でアプローチしていきましょう。

一方で、宗教に関連した詐欺被害にあってしまう可能性もないわけではありません。そのような状況が疑われるときや、本人の意思とは反している現状がみられる場合は、権利擁護の視点での状況確認や対応が必要になってくることにも留意してください。

## Q202 愚行権 

**大好きなアイドルのグッズを生活費がなくなるほど購入してしまう利用者に対して、どのように支援していけばよいか？**

### A 本人の価値観を最大限に尊重する方法を模索する。

愚行権とは、社会常識から見て愚かしい行為であっても、個人の領域に関することである限り自由であるというものです。客観的には、不合理で愚かしい行いであると思うことでも、その人にとっては価値のある行為であるかもしれません。

そのような観点からすると、アイドルのグッズを大量に購入してしまうという行為は、必ずしも制限するものではありません。むしろ、重大な不利益が生じる可能性がない限りは尊重されるべきでしょう。

一方で、権利が守られるうえでは、「公共の福祉に反しない限り」ということが日本国憲法に明記されています。よって、他者や社会に不利益が生じないか否かという点も考えなければなりません。あとは、本人にどれだけの不利益が生じる可能性があるか、どの程度のリスクがあるかという点を見極めたうえで、本人の価値観や意向を最大限に尊重していく姿勢が重要となるでしょう。

## Q203 本人にとって大事なもの 

**最近、体調が悪く禁酒や禁煙を勧めているが、本人はやめたくないと言っている。どのように対応すればよいか悩んでいる。**

### A リスクの確認と本人の意向や価値観を大事に。

近年、喫煙については他者の健康を害するおそれがあるということで、喫煙場所がかなり限定されていますが、それでもたばこやお酒を、楽しみや息抜き、ストレス解消などのために嗜まれている方も少なくないでしょう。また、喫煙や飲酒は、他者や社会に不利益が生じない限り（公共の福祉に反しない限り）認められている権利ですので、それを嗜むことは基本的に本人の自由であることは明らかです。

とはいえ、健康を害するリスクや、人によっては医師に止められている場合もあるでしょう。その場合、まずは先の見通しも含めたリスクを十分に確認し、本人の理解できる方法で共有することが先決です。そのうえで、本人の意向や価値観を尊重していく姿勢を大事にしながら、すり合わせていきましょう。

その結果、禁煙、禁酒とはいかないまでも、量や時間帯などのルールを本人中心に決めていくということも解決策の一つとなるかもしれません。その答えは一つではありませんので、その協議や意思決定支援の過程では、相談支援専門員だけではなく、医療機関や支援機関などのチームで検討していくことも重要でしょう。

## Q204 本人にとっての幸せ

**いつも一人でいることを好み、誰ともかかわろうとせずに過ごしている利用者に対し、どうしたら人と交流できるように支援できるか？**

### A 生活スタイルや社会参加のあり方は多様。

相談支援につながる人のなかには、不登校の経験がある人や、学校を卒業後にひきこもりの状態になっている人もいるでしょう。近年、発達障害の理解やひきこもり状態にある人への支援もクローズアップされてきています。そのなかで私たちが意識しなければならないことは、その人なりの社会参加や生き方があるということです。必ずしも人と交流することや会社で働くことだけが社会参加や自立のスタイルではありません。特に障害特性や対人スキルの低さなどにより、人との交流が難しい、あるいは大きなストレスになるという場合もあるでしょう。そういった場合には、その人なりの社会参加や生き方を見つけ、その人なりの幸せの形を模索していくことが重要です。私たちは、固定化された価値観ではなく、その人なりの生き方を大事にし、その先の幸せを探す歩みに伴走していくことを心がけていきましょう。

## Q205 本人の意向と最善の利益

**何とか一人暮らしをしているが、支援者としてはグループホームで生活したほうが安心だと考えている。でも本人は頑なに拒否するため、どうしたらよいか悩んでいる。**

**A 対象となる相談者が何を希望していて、どのようなことを大事に生活しているかといった、個人が有する価値を丁寧にチームで探ることから始めましょう。**

意思決定支援の原則は、安易に支援者の支援しやすい支援や、安全ばかりに着目した支援を行わないことにあります。そのためには、下記のような点に注意し、時間や労力を惜しまずに、進める必要があります。

① 必ず、本人には意思があり、表出している。支援者の感性が低いために、利用者本人の意思がわからないといった謙虚な姿勢をもつこと。
② 本人の意思や選好を探らずに、最善の利益を優先しないこと。
③ 本人の意思や選好を支援の中心におき、その人の希望する暮らしの実現を十分に検討する。
④ 今回の意思決定支援では何を決めるのか明確にする。
⑤ 支援者個人の価値観だけで考えず、チームをつくり、それぞれの価値観で多角的に検討する。
⑥ リスクと考えられることも、別の角度から検討することで、リスクではなくなることがあることに注意する。
⑦ 支援チームのなかには必ず、本人が信用している人を加え、集団による圧力をかけない環境で行うこと。
⑧ 情報は言葉だけではなく、本人の理解する方法で伝えること。
⑨ 誰の都合で、意思決定をしようとしているのか明確にする（往々

にして、支援者が決めてもらいたくて、結論を急いでいることがある)。

⑩　今決めなくてもいいことは、先送りにする。

⑪　医師や教師など、専門職の判断だけを優先させやすいことに注意する。

以上のような点を踏まえてもなお、本人の意思がわからないときにはじめて、代行決定を検討します。代行決定は、本人から見た視点で、最善の利益を検討した結果としたいものです。

知識

価値

考え方

権利擁護

スキル
面接力

スキル
情報収集

スキル
聞く力

スキル
つながる

スキル
つなげる

ルール

運営
経営

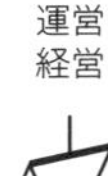

見立て
手立て

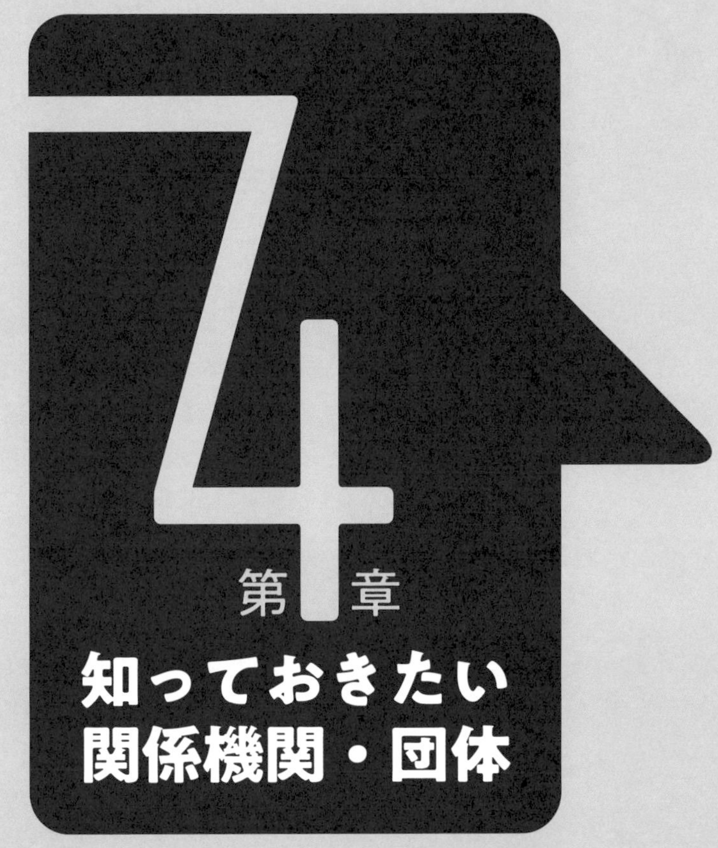
4
第章
知っておきたい
関係機関・団体

第４章では、私たち相談支援専門員にとって頼れる機関や専門職などを紹介します。"頼ること"や"つなぐこと"も相談支援専門員の重要なスキルの一つですので参考にしてください。

# こんなときどうする？ ～児童編～

## 1 乳幼児期の相談支援で悩んだとき

～乳幼児期の相談支援は連携で質を高めよう～

乳幼児期の相談支援では、発達に関するアセスメントや家族支援など、発達段階に合わせた知識・スキル、さらには家族への配慮が必要になります。特に発達に関するアセスメントや課題・目標設定などに難しさを感じる方も多いでしょう。その際は、**児童発達支援センター**やその他の**療育機関**などと連携し、お互いの得意分野を活かした支援を組み立てていくことも効果的です。

### 児童発達支援センター（医療型・福祉型）

地域の障害のある児童を通所させて、日常生活における基本的動作の指導、自活に必要な知識や技能の付与または集団生活への適応のための訓練を行う施設で、地域の中核的な療育支援施設としての役割を担います。また、福祉サービスを行う「福祉型」と、福祉サービスに併せて治療を行う「医療型」の二つの類型があります。

児童発達支援センターでは、療育支援（児童発達支援事業）と併せ、保育所等訪問支援事業や指定障害児相談支援事業、さらには地域支援事業として家族支援や地域支援、普及啓発などの事業を実施しています。なお、地域やセンターによって実施している事業や内容は異なります。

### 障害児等療育支援事業

在宅の重症心身障害児（者）、知的障害児（者）、身体障害児（者）の地域における生活を支えるため、身近な地域で療育指導や療育相談が受けられる療育支援体制の充実を図り、障害児（者）の福祉の向上を図ることを目的とした事業です。都道府県や事業所によって異なる場合もありますが、訪問や事業所での外来療育指導・相談などを実施しています。

～その他～

### 基幹相談支援センター

基幹相談支援センターは、地域における相談支援の中核的な役割を担う機関として、主に以下の役割を担っています。

- 総合的・専門的な相談支援の実施
- 地域の相談支援体制の強化の取組
- 地域移行・地域定着の促進の取組
- 権利擁護・虐待の防止

設置は市区町村単独や、複数の自治体による広域での設置の場合もあります。また、地域によって設置の有無や具体的な業務内容が異なる場合がありますので、該当する地域の設置の状況や役割、相談支援体制をご確認ください。

その他、自治体によって療育機関などを設置している場合もあります。

## 2 医療的ケア児支援で困っているとき

～医療的ケア児の支援はコーディネーターと協働しよう～

第１章の２で、アセスメントの視点について触れました。実践のなかではアセスメントだけではなく、医療機関との連携、さらには教育機関や事業所との調整などで悩むこともあるでしょう。そのようなとき、**医療的ケア児等コーディネーター**の存在が助けになります。

配置の状況は､各都道府県のWEBサイトを参照していただくか、自治体の担当課に問い合わせしてみてください。

医療的ケア児とは
　日常生活および社会生活を営むために恒常的に医療的ケア（人工呼吸器による呼吸管理、喀痰吸引その他の医療行為）を受けることが不可欠である児童（18歳以上の高校生等を含む。）

### 医療的ケア児等コーディネーター

医療的ケア児等コーディネーターは、医療的ケア児が必要とする保健、医療、福祉、教育等の他分野にまたがる支援の利用を調整し、総合的かつ包括的な支援の提供につなげるとともに、医療的ケア児に対する支援のための地域づくりを推進する役割があります。年々、各地域で体制整備やコーディネーター養成がすすめられており、配置している相談支援事業所では加算（※第４章参照）の対象となっています。コーディネーターは、「医療的ケア児等コーディネーター養成研修」を修了した相談支援専門員、保健師、訪問看護師等が担っています。

また、乳幼児期の相談支援と同様に児童発達支援センターに相談、協力を依頼することも有効な手段となります。

## 3 心理検査が必要なとき
～心理検査の実施と活用は、心理職を頼ろう～

第１章の１でも触れたように、子どもの相談支援や大人の発達障害の方への相談支援において発達の状況や特性を理解していくことは、とても重要なことです。相談のなかでこれから心理検査を受けたい、あるいは相談員側から提案したいなどの際には、以下のような機関や心理職を頼ってみてください。

### 医療機関

都道府県や地域によって発達障害医療機関リストなどにより、診療可能な領域や年齢、心理検査の有無などを公表していることもありますので、確認してみましょう。

## 発達障害者支援センター

発達障害者支援センターは、発達障害児（者）への支援を総合的に行うことを目的とした専門的機関で、大きく分けて「相談支援」「発達支援」「就労支援」「普及啓発・研修」の四つの役割を担うセンターです。センターによっては、「発達支援」の一環で心理検査を実施しているところや、医療機関が併設されている場合は、そこで心理検査を受けられる場合もあります。多くのセンターが障害者本人だけではなく家族や支援者の相談にも対応しています。

自治体の整備状況などによって、各センターの事業内容には地域性があります。詳しい事業内容については、お住まいの地域の発達障害者支援センターに問い合わせてください。その他、都道府県単位の療育関連の事業や教育センターなどで実施している場合もあります。

# こんなときどうする？ ～就労編～

## 1 就労支援のことで困っているとき

### ～就労アセスメントや職業評価が必要な場合～

第１章の２で触れた“直B”に関連する就労アセスメントに限らず、相談支援を展開していくなかでは、一般就労を視野に入れた就労支援を検討していく場面もあると思います。まずは就労移行支援を利用して**職業準備性**※1を高めていくのか、またはダイレクトに求職活動していくのか、その他、いったん就労継続支援Ｂ型を利用していくのか、など、状況に応じた支援を検討していかなければなりません。とはいえ、私たち相談支援専門員が就労アセスメントや職業評価を実践できるとは限りません。そのような際には、専門機関の積極的な活用も選択肢に入れておきましょう※2。

※1　「職業準備性（就労準備性）」とは、障害の有無にかかわらず働くうえで必要とされる、働くことについての理解・生活習慣・作業遂行能力や対人関係のスキルなどの基礎的な能力のことです。働き続けるためには「健康管理」「日常生活管理」「対人技能」「基本労働習慣」「職業適性」という五つの資質が必要とされています。

※2　厚生労働省「各支援機関の連携による障害者就労支援マニュアル」（WEBサイト参照（p.170））

### 地域障害者職業センター

地域障害者職業センターは、障害者に対する専門的な職業リハビリテーションを提供する施設として、障害者雇用促進法第22条に基づいて全国の都道府県に設置されています。障害者の雇用に関する事業主のニーズや雇用管理上の課題を分析し、事業主支援計画を作成、雇用管理に関する専門的な助言、援助を実施しています。

### 障害者就業・生活支援センター

障害者就業・生活支援センターは、障害者の職業生活における自立を図るため、雇用、保健、福祉、教育等の関係機関との連携のもと、障害者の身近な地域において就業面および生活面における一体的な支援を行い、障害者の雇用の促進および安定を図ることを目的として、全国に設置されています。都道府県によっては、市町村独自に就労支援センターを設置している場合もあります。就労支援だけでなく就労定着についても相談できる機関です。

## 2 就労定着がうまくいかないとき
### ～就労移行支援と就労定着支援～

就労支援を組み立てていくなかで、就職した後の職場定着をどのように支えていくか、という点について悩むこともあるのではないでしょうか。そのような際は、以下の機関やサービスの活用を検討してみましょう。

### 就労定着支援事業

就労移行支援などを利用して一般就労へ移行した障害者で、就労に伴う環境の変化により生活面で課題が生じている人に対し、雇用された企業などで就労の継続を図るため、日常生活、または社会生活上の各問題に関する相談、指導・助言などの支援を一定期間行う事業です。就労に伴う生活面の課題に対応できるよう、平成30年4月に新たに創設された障害者の日常生活及び社会生活を総合的に支援するための法律（障害者総合支援法）にもとづく障害福祉サービスの一つです。利用期間は最大3年間で、経過後は障害者就業・生活支援センターなどへ引き継いでいくことになります。

### 就労移行支援事業（6か月）

就労移行支援の利用により就職した者については、原則として就職後6か月までの期間は、就労移行支援事業者が就職後の継続的な支援（フォローアップ）を行うことになっています。

### ジョブコーチ（職場適応援助者）

ジョブコーチは障害特性を踏まえた専門的な支援を行い、障害者の職場適応を図ることを目的としています。配置型・訪問型・企業在籍型の3類型があり、地域障害者職業センターや就労支援を実施している社会福祉法人に配置されている場合や、企業が独自にサポート体制を整備している場合もあります。

# こんなときどうする？
## ～その他の支援全般～

### 1 精神障害者支援で困っているとき
～専門的なアドバイスを求めよう～

精神障害者の方への地域移行支援や地域での生活を支えていくなかで、悩むことや行き詰まることもあるのではないでしょうか。相談支援の基本は同じとはいえ、精神障害についての専門性も必要となります。そのなかで、なかなか解決に結びつかないような、いわゆる困難ケースもあるでしょう。

そのようなときには、事業所内や基幹相談支援センターとの協議に加え、以下の機関に相談し、助言をもらうことも有効な手段の一つです。

#### 市区町村の障害福祉担当課

自治体によって異なりますが、担当課に精神保健福祉士や保健師を配置されている場合がありますので、相談してみましょう。

#### 保健所

精神保健相談に加え、支援者に対してのサポートや相談にも対応してくれる保健所もあります。まずは基幹相談支援センターや担当課と連携し、そのうえで保健所への相談や連携を検討してみましょう。

#### 精神保健福祉センター

精神保健福祉センターは都道府県や政令指定都市に設置されており、障害者本人や家族への精神保健福祉相談に加え、関係機関への技術援助・技術指導という業務もあります。保健所の活用と同様に、基幹相談支援センターや担当課と連携し、そのうえで同センターへの相談や協力依頼を検討してみましょう。

## 2 発達障害児（者）支援で困っているとき
～発達障害の特性を踏まえて、有効な支援を組み立てる～

発達障害者支援では、知的障害を伴う自閉症や、強度行動障害の状態にある方、さらにADHD（注意欠陥多動性障害）やLD（学習障害）※などにより、学業や就労などで悩みを抱えている方など、相談内容も多様化してきています。さらには二次障害が生じていることで、さらに状況が深刻化している場合もあります。そのようななかで、発達障害支援に特化した以下のような機関の支援や情報を活用することで、私たちの相談支援業務の助けになるでしょう。

※　障害名は発達障害者支援法の定義で表記しています。

### 発達障害者支援センター

発達障害者支援センターは、発達障害児（者）への支援を総合的に行うことを目的とした専門的機関です。都道府県・指定都市自ら、または、都道府県知事等が指定した社会福祉法人、特定非営利活動法人等が運営しています。発達障害児（者）とその家族が豊かな地域生活を送れるように、保健、医療、福祉、教育、労働などの関係機関と連携し、地域における総合的な支援ネットワークを構築しながら、発達障害児（者）とその家族からのさまざまな相談に応じ、指導と助言を行っています。

ただし、人口規模、面積、交通アクセス、既存の地域資源の有無や自治体内の発達障害者支援体制の整備状況などによって、各センターの事業内容には地域性があります。詳しい事業内容については、お住まいの地域の発達障害者支援センターに問い合わせてください※。

※　国立障害者リハビリテーションセンター／発達障害情報・支援センター（WEBサイト参照（p.170））

### 発達障害情報・支援センター／国立障害者リハビリテーションセンター

発達障害情報・支援センター（p.170参照）※では、発達障害についての理解や支援、制度など、当事者や家族だけではなく支援者が必要な情報も幅広く掲載されています。また、国では新たに発達障害に特化した信頼のおける情報を発信するための発達障害ナビポータルを立ち上げ、同センターのWEBサイトに掲載されています。

※ 国立障害者リハビリテーションセンター／発達障害情報・支援センター（WEBサイト参照（p.170））

### 発達障害者地域支援マネジャー

発達障害者支援センター等に配置されており、各自治体、事業所、医療機関などを訪問し、アセスメントや支援ツールの導入や各関係機関の連携や困難ケースへの対応等を実施します。配置の状況や支援の依頼などは、お住まいの地域の発達障害者支援センターに問い合わせてください。

## 3 高次脳機能障害者への支援で困ったとき

~高次脳機能障害の特性を踏まえて、有効な支援を組み立てる~

高次脳機能障害は、後天的な脳損傷を原因としており、見えにくい障害と言われています。一方で、記憶障害や注意障害、遂行機能障害、社会的行動障害など、症状や抱えている生きづらさはさまざまです。障害理解や支援を組み立てていく際には、以下の機関や情報などを参考にしてみましょう。

### 高次脳機能障害情報・支援センター／国立障害者リハビリテーションセンター

高次脳機能障害情報・支援センターでは、障害理解や支援、制度、各都道府県の相談窓口など、当事者や家族だけではなく支援者が必要な情報も幅広く掲載されています。

**~その他~**

各都道府県のリハビリテーションセンターや高次脳機能障害に特化した支援センター、保健所や精神保健福祉センターで対応している自治体もあります。そのような情報も含め、高次脳機能障害情報・支援センターのWEBサイトを活用してみましょう。

## 4 矯正施設からの出所者への支援で困っているとき

### ～矯正施設からの出所者への支援におけるポイントや連携～

矯正施設とは、刑務所、少年刑務所、拘置所または少年院のことを指します。矯正施設には知的障害や精神障害など、障害のある方も入所されています。その方が出所され、福祉サービスや社会資源を利用しながら生活を再建していくうえでは、私たち相談支援専門員の役割も小さくありません。とはいえ、再犯のリスクやサービス調整の難しさなど、相談支援をすすめていくうえでのハードルもあります。そのようなときには**地域生活定着支援センター**が助けになります。現在では、出所前や出所時に、すでに地域生活定着支援センターがかかわっていることもありますので、その際にも連携していくことがポイントとなるでしょう。また、地域移行支援の対象者にも加えられたので、併せて活用を検討してみてください。

**地域生活定着支援センター**（都道府県によっては、複数のセンターを設置している場合もあります。）

「高齢であり、または障害を有することにより、矯正施設から退所した後、自立した生活を営むことが困難と認められる者に対して、保護観察所と協働して、退所後直ちに福祉サービス等を利用できるようにするための支援を行うことなどにより、その有する能力等に応じて、地域のなかで自立した日常生活または社会生活を営むことを助け、もって、これらの者の福祉の増進を図ることを目的とする。」とされています。

## 5 障害年金申請の支援で困っているとき

### ～障害年金申請ではどのように支援していけばよいか～

障害年金には、障害基礎年金・障害厚生年金があります。障害基礎年金は、国民年金に加入している間、または20歳前（年金制度に加入していない期間）、もしくは60歳以上65歳未満（年金制度に加入していない期間で日本に住んでいる間）に、初診日（障害の原因となった病気やけがについて、初めて医師または歯科医師の診療を受けた日）のある病気やけがで、法令により定められた障害等級表

（1級・2級）による障害の状態にあるときに支給されます。

また、厚生年金に加入している間に初診日のある病気やけがで障害基礎年金の1級または2級に該当する障害の状態になったときは、障害基礎年金に上乗せして障害厚生年金が支給されます。

本人や相談支援専門員だけで申請を行う場合は、制度理解や対象になるか否かの確認、申請書作成など、苦労することもあると思います。そのようなときには、以下の機関を頼ることで、制度理解や申請の助けになると思います※。

※　日本年金機構WEBサイト（WEBサイト参照（p.171））

### 市区町村の年金担当課

### 日本年金機構

### 年金事務所

個人の年金給付に関する請求や各種変更手続き、「年金手帳」「年金証書」などの再発行の受付と処理、年金相談や各種通知に関するお問い合わせなど、また、事業所からの健康保険・厚生年金保険の適用関係の諸届出受付や保険料徴収業務などを行っています※。これら以外では、社会保険労務士事務所への相談も選択肢の一つとなります。

※　日本年金機構WEBサイト（p.171）に年金申請書提出までの流れや、障害年金ガイドが掲載されています。

## 6 成年後見制度の利用を考えているとき

### ～成年後見制度を利用した権利擁護の必要性を感じている～

知的障害や精神障害により相談者本人の判断能力が十分ではない状態であるとき、福祉サービスの選択や契約、財産管理などで困ることがあります。その際には、成年後見制度※の利用が一つの選択肢となります。ただし、成年後見制度の利用の有無にかかわらず、本人の意思能力の把握や合理的配慮の検討、いわゆる**“支援を受けながらの意思決定”**について十分な検討が重要であるという点に留意してください。

※〔参考〕成年後見制度については、Q155を参照（p.107）。

### 権利擁護センターぱあとなあ（都道府県社会福祉士会）

公益社団法人日本社会福祉士会ならびに都道府県社会福祉士会が運営しており、成年後見制度について、利用の相談や成年後見人等の候補者の紹介などを行っています。

### 権利擁護センター（社会福祉協議会など）

センターにより事業内容は異なりますが、権利擁護や成年後見制度に関連した相談や法人後見事業を実施しているセンターもあります。

**～その他～**

- 障害福祉担当課（市町村申立て）
- 社会福祉士事務所

## 7 法的な対応が必要なとき

**～多重債務や相続問題など、法的な支援を必要な場合に助けになる機関は～**

相談者のなかには、多重債務や相続などの問題を抱えている方もいるでしょう。そのような問題に対しては、私たち相談支援専門員だけの力では解決できませんので、以下の機関や専門家を頼ってみてもいいでしょう。

### 法テラス

国が設立した法的トラブルに対応する総合案内所で、困りごとに応じて、問題を解決するための法制度や手続き、適切な相談窓口を無料で案内してくれます。また、無料法律相談や弁護士・司法書士相談費用等の立替え（一定の要件あり）も実施しています。

**～その他～**

- 市町村で実施している無料法律相談
- 弁護士、司法書士事務所

# 参考書籍・WEBサイト一覧

本書は相談支援専門員のための入門書として制作しました。これから相談支援専門員としての実践力を養っていくうえで、より専門的な書籍もぜひ読んでほしいと思います。ここでは、実践に役立つものや援助の勘所を教えてくれる書籍、さらには援助者としての核をつくってくれるような書籍を紹介しています。

また、本文中でも紹介しているWEBサイトをQRコードと合わせて再掲していますので、ご活用ください。

## ■参考書籍

朝日新聞取材班『妄信―相模原障害者殺傷事件』 朝日新聞出版、2017.

岩間伸之『対人援助のための相談面接技術―逐語で学ぶ21の技法』 中央法規出版、2008.

エイドリアン・オーウェン、柴田裕之訳『生存する意識―植物状態の患者と対話する』 みすず書房、2018.

エドガー・H・シャイン、金井壽宏監訳、原賀真紀子訳『問いかける技術―確かな人間関係と優れた組織をつくる』 英治出版、2014.

エイミー・C・エドモンドソン、野津智子訳『恐れのない組織―「心理的安全性」が学習・イノベーション・成長をもたらす』 英治出版、2021.

エイミー・C・エドモンドソン、野津智子訳『チームが機能するとはどういうことか―「学習力」と「実行力」を高める実践アプローチ』 英治出版、2014.

奥川幸子『身体知と言語―対人援助技術を鍛える』 中央法規出版、2007.

尾崎新編『「ゆらぐ」ことのできる力―ゆらぎと社会福祉実践』 誠信書房、1999.

小澤温監、埼玉県相談支援専門員協会編『相談支援専門員のための ストレングスモデルによる障害者ケアマネジメントマニュアル―サービス等利用計画の質を高める』 中央法規出版、2015.

勝部麗子『ひとりぼっちをつくらない―コミュニティソーシャルワーカーの仕事』 全国社会福祉協議会、2016.

加藤浩美『たったひとつのたからもの―息子・秋雪との六年』 文藝春秋、2003.

神戸金史『障害を持つ息子へ～息子よ。そのままで、いい。～』 ブックマン社、2016.

近藤直司『医療・保健・福祉・心理専門職のためのアセスメント技術を高めるハンドブック（第２版）―ケースレポートの方法からケース検討会議の技術まで』 明石書店、2015.

サラ・バンクス、石倉康次ほか監訳『ソーシャルワークの倫理と価値』 法律文化社、2016.

「障害者のリアルに迫る」東大ゼミ、野澤和弘編著『障害者のリアル×東大生のリアル』 ぶどう社、2016.

チャールズ・A・ラップ／リチャード・J・ゴスチャ、田中英樹監訳『ストレングスモデル（第3版）―リカバリー志向の精神保健福祉サービス』金剛出版、2014.

戸田久実『アンガーマネジメント』 日本経済新聞出版、2020.

名川勝・水島俊彦・菊本圭一編著、日本相談支援専門員協会(編集協力)『事例で学ぶ　福祉専門職のための意思決定支援ガイドブック』中央法規出版、2021.

日本相談支援専門員協会監、小澤温編『障害者相談支援従事者研修テキスト 現任研修編』 中央法規出版、2020.

日本相談支援専門員協会監、小澤温編『障害者相談支援従事者研修テキスト 初任者研修編』 中央法規出版、2020.

日本相談支援専門員協会編『障害のある子の支援計画作成事例集―発達を支える障害児支援利用計画と個別支援計画』 中央法規出版、2016.

日本相談支援専門員協会編『相談支援専門員のための「サービス等利用計画」書き方ハンドブック―障害のある人が希望する生活の実現に向けて』 中央法規出版、2017.

東田直樹『自閉症の僕が飛びはねる理由』 KADOKAWA、2016.

東山紘久『プロカウンセラーの聞く技術』 創元社、2000.

平木典子『アサーション入門―自分も相手も大切にする自己表現法』 講談社、2012.

福岡寿『相談支援の実践力―これからの障害者福祉を担うあなたへ』 中央法規出版、2018.

ブレンダ・デュボワ／カーラ・K・マイリー、北島英治監、上田洋介訳『ソーシャルワーク―人々をエンパワメントする専門職』 明石書店、2017.

堀公俊『ファシリテーション入門（第2版）』 日本経済新聞出版、2018.

横田弘『（増補新装版）障害者殺しの思想』 現代書館、2015.

横塚晃一『母よ！　殺すな』 生活書院、2007.

横山紘一『（新装版）「唯識」という生き方―自分を変える仏教の心理学』 大法輪閣、2014

## WEBサイト（以下、サイトの最終閲覧日：2022年４月25日）

「意思決定支援の取組推進に関する研究報告書」令和元年度障害者総合福祉推進事業（厚生労働省）
https://www.mhlw.go.jp/content/12200000/000654201.pdf

障害福祉サービスの利用等にあたっての意思決定支援ガイドラインについて（平成29年３月31日障発0331第15号）
https://www.mhlw.go.jp/file/06-Seisakujouhou-12200000-Shakaiengokyokushougaihokenfukushibu/0000159854.pdf

「家庭・教育・福祉の連携「トライアングル」プロジェクト報告～障害のある子と家族をもっと元気に～」（平成30年３月29日）（文部科学省・厚生労働省）
https://www.mext.go.jp/component/a_menu/education/micro_detail/__icsFiles/afieldfile/2018/06/11/1405916_02.pdf

「各支援機関の連携による障害者就労支援マニュアル」（厚生労働省）
https://www.mhlw.go.jp/content/12200000/000822237.pdf

相談支援に関するＱ＆Ａ（令和３年４月８日）（厚生労働省）
https://www.pref.shiga.lg.jp/file/attachment/5243967.pdf

障害者差別解消法リーフレット（内閣府）
https://www8.cao.go.jp/shougai/suishin/sabekai_leaflet.html

「発達障害情報・支援センター」（国立障害者リハビリテーションセンター）
http://www.rehab.go.jp/ddis/

「いざという時のために　知って安心　成年後見制度　成年後見登記制度」（法務省民事局）
https://www.moj.go.jp/content/001287467.pdf

「個人情報の保護に関する法律についてのガイドライン（通則編）」（個人情報保護委員会）
https://www.ppc.go.jp/personalinfo/legal/2009_guidelines_tsusoku/

「医療観察法対象者を受け入れて支援をするための手引書」（平成30（2018）年３月）（公益社団法人日本精神保健福祉士協会）
https://www.jamhsw.or.jp/ugoki/hokokusyo/201803-kenkyu/tebiki-all.pdf

「ここが知りたい日常生活自立支援事業なるほど質問箱」（社会福祉法人全国社会福祉協議会）
https://www.shakyo.or.jp/news/kako/materials/100517/nshien_1.pdf

「生活困窮者自立支援制度」（厚生労働省）
https://www.mhlw.go.jp/stf/seisakunitsuite/bunya/0000059425.html

「職場におけるハラスメントの防止のために」（厚生労働省）
https://www.mhlw.go.jp/stf/seisakunitsuite/bunya/koyou_roudou/koyoukintou/seisaku06/index.html

「障害者福祉サービス事業所等における自然災害発生時の業務継続計画（BCP）作成支援に関する研修」（令和３年度障害者総合推進事業）
https://www.smartstream.jp/msad/mhlw/index.html

「指定特定相談支援事業所間一体的管理運営のための協定書（案）」
（日本相談支援専門員協会）
http://www7.ueda.ne.jp/~siensent/osirase/kyouteisyo_an.pdf

「障害者虐待の防止、障害者の養護者に対する支援等に関する法律について」（厚生労働省）
https://www.mhlw.go.jp/stf/seisakunitsuite/bunya/hukushi_kaigo/shougaishahukushi/gyakutaiboushi/index.html

日本年金機構WEBサイト
https://www.nenkin.go.jp

# 日本相談支援専門員協会　全国ネットワーク都道府県協会

| 都道府県協会名 | 事務局住所／電話番号／メールアドレス |
|---|---|
| 北海道相談支援専門員交流会 | hsksoudan@gmail.com |
| 青森県相談支援専門員協会 | 青森県青森市奥野3丁目7-1<br>017-718-5820　miraihukushi.net@gmail.com |
| 宮城・仙台障害者相談支援従事者協会 | 宮城県仙台市宮城野区鶴ヶ谷1丁目11-8-2 一般社団法人IGUNAL内<br>080-2833-5973　office@msk35.org |
| あきたケアマネジメントネットワーク協会 | 秋田県秋田市山王沼田町11 山王沼田町オフィスビル2D<br>018-893-3836　acnetkyokai@gmail.com |
| 山形県相談支援専門員協会 | yamagatassk@gmail.com |
| 福島県相談支援専門員協会 | 福島県郡山市朝日一丁目29番9号 郡山市総合福祉センター内<br>024-983-3044　fukushima.soudanshien@gmail.com |
| 茨城県障害相談支援事業所マネジメント協会 | 茨城県水戸市千波町1918番地 茨城県総合福祉会館1F（一社）茨城県心身障害者福祉協会内<br>029-350-2770　kensyuu2@harness.jp |
| とちぎ障がい者相談支援専門員協会 | tocatocacloverz@gmail.com |
| 埼玉県相談支援専門員協会 | 埼玉県東松山市高坂1056-1 地域共生プラザいんくる堂内<br>info@ssa-b.com |
| 千葉県相談支援事業協会 | 千葉県千葉市中央区川戸町468-1 社会福祉法人りべるたす内<br>043-445-7733　chibakensoudan2021@gmail.com |
| 東京都相談支援専門員ネットワーク | 東京都荒川区東日暮里1-17-12 二村ビル1階 ソラティオ内<br>jimukyoku@tokyo-soudannw.org |
| 特定非営利活動法人かながわ障がいケアマネジメント従事者ネットワーク | 神奈川県厚木市旭町1-9-7 旭町三紫ビル303<br>046-220-5380　run@kcn.or.jp |
| 新潟県相談支援専門員協会 | 新潟県阿賀野市北本町12-58<br>0250-47-4676　kyoukai@ng-soudan.com |
| 富山県相談支援専門員協会 | 富山県砺波市幸町1-7<br>0763-33-1552　kitokitotsk@gmail.com |
| 石川県相談支援専門員協会 | 石川県小松市矢田野町イ30（やたの生活支援センター内）<br>0761-44-7115　okayasu403@apricot.ocn.ne.jp |
| 福井県相談支援専門員協会 | fukui.soudan.k.r2@gmail.com |
| 相談支援ネットワークやまなし | 山梨県甲斐市牛句2029-2<br>055-277-1198　andante-chiiki1@dune.ocn.ne.jp |
| 長野県相談支援専門員協会 | 長野県長野市稲里町中央一丁目17番23号<br>026-214-2105　nagano-soudan@amail.plala.or.jp |
| 岐阜県相談支援事業者連絡協議会(ぎふケアマネジメントネットワーク) | 岐阜県関市倉知3191-10<br>0575-46-8122　gifu.net@gmail.com |

| 都道府県協会名 | 事務局住所／電話番号／メールアドレス |
| --- | --- |
| 愛知県相談支援専門員協会 | 愛知県蒲郡市三谷町川原19番地<br>090-6070-9129 askyoukai@yahoo.co.jp |
| 三重県相談支援専門員協会 | 三重県伊勢市曽祢2丁目15番11号<br>080-8544-1656 miesoudan@gmail.com |
| 滋賀県相談支援専門員協会（滋賀県相談支援事業ネットワーク） | sou.net.shiga@gmail.com |
| 兵庫県相談支援ネットワーク | 兵庫県西宮市染殿町8-17 西宮市総合福祉センター内<br>0798-37-1300 hsn.net2020@gmail.com |
| わかやま相談支援専門員協会 | 和歌山県西牟婁郡上富田町南紀の台9-38 info@npowsk.com |
| 鳥取県相談支援専門員協会 | 0859-37-2125 tottori.kyoukai@gmail.com |
| 島根県相談支援専門員協会 | soushikyou.shimane@gmail.com |
| 岡山県相談支援専門員協会 | 岡山県岡山市北区伊島町2丁目20-26 2F<br>info@okayama-osk.com |
| 山口県相談支援専門員協会 | 山口県下関市秋根南町1丁目1番5号<br>080-3895-2232 ycs.2012@hotmail.com |
| 徳島県相談支援専門員協会 | 徳島県名西郡石井町高川原字高川原217-2（名西郡障がい者基幹相談支援センター内）<br>088-615-8550（代） toku.senmon.k@gmail.com |
| 香川県相談支援専門員協会 | 香川県高松市田村町1114 かがわリハセンター内<br>087-815-0330 k_soudanshien@yahoo.co.jp |
| 高知県相談支援専門員協会 | 高知県香南市香我美町下分684-1<br>0887-57-7180 akebono@ca.pikara.ne.jp |
| 障害者相談支援ネットワークふくおか | nwf.jimukyoku@gmail.com |
| 佐賀県相談支援ネットワーク協会 | 佐賀県佐賀市兵庫南2-16-39 長光園障害者総合相談センター内<br>0952-20-1488 sssna@blue.ocn.ne.jp |
| 長崎県相談支援専門員協会 | 長崎県大村市東野岳町1704-2<br>0957-47-5881 n-sk@io.ocn.ne.jp |
| 熊本県障がい者相談支援事業連絡協議会 | kumamoto-soudan@outlook.jp |
| 大分県障害者相談支援事業推進協議会 | 大分県豊後大野市犬飼町下津尾3491番3<br>097-578-5001 soyokaze@forall2021.com |
| 宮崎県障がい者相談支援事業連絡協議会 | 宮崎県宮崎市大字島之内字馬出7217-1<br>0985-30-2524 siensumiyoshi@sage.ocn.ne.jp |
| 鹿児島県相談支援ネットワーク会議（KGSN） | satsuki-soudan2@po3.synapse.ne.jp |
| おきなわ障がい者相談支援ネットワーク | 沖縄県北中城村字安谷屋1147番地 3階<br>098-988-7312 osn@ninus.ocn.ne.jp |

# 索引

さ

## 監修・編集・執筆者紹介

### 監修

**日本相談支援専門員協会**

### 編集


**菊本　圭一**　日本相談支援専門員協会代表理事
社会福祉法人けやきの郷業務執行理事

**小川　陽**　日本相談支援専門員協会理事／政策委員会　委員長
社会福祉法人唐池学園貴志園

**野崎　陽弘**　日本相談支援専門員協会政策委員会
社会福祉法人けやきの郷
埼玉県発達障害者支援センター「まほろば」


### 執筆者（五十音順）


**岡部　正文**　日本相談支援専門員協会理事
社会福祉法人ソラティオ

**小川　陽**　同上

**菊本　圭一**　同上

**島　優子**　日本相談支援専門員協会政策委員会
愛恵会 相談支援事業所 こだま
松阪市障がい児・者総合相談センターマーベル

**永田　拓**　日本相談支援専門員協会政策委員会
社会福祉法人リンク倉敷地域基幹相談支援センター

**野崎　陽弘**　同上

**長谷川さとみ**　日本相談支援専門員協会理事
社会福祉法人藤聖母園相談支援事業所 藤

**細谷　恵佑**　日本相談支援専門員協会政策委員会
相談室ぷらうむ

**山口麻衣子**　日本相談支援専門員協会政策委員会
社会福祉法人清樹会地域生活支援センターすみよし


※特定非営利活動法人日本相談支援専門員協会は、相談支援専門員が障害者の地域生活を支援する目的で、障害者ケアマネジメントを基本とした中立、公平な相談支援活動を実践するとともに、自らの資質の向上に努めることをもって、障害者の自立した生活支援に資することを目的として活動している。

会員数：個人会員　161名
団体会員　2123名（30団体）
（2022年３月31日現在）

事務局：〒355-0047　埼玉県東松山市高坂1056番地１

障害福祉従事者のための
相談支援実務Q&A

2022年6月10日　初　版　発　行
2024年10月10日　初版第3刷発行

監　修　日本相談支援専門員協会
発行者　荘村明彦
発行所　中央法規出版株式会社
〒110-0016
東京都台東区台東3-29-1　中央法規ビル
TEL 03-6387-3196
https://www.chuohoki.co.jp/

印刷・製本：長野印刷商工株式会社
ブックデザイン・イラスト：mg-okada

ISBN978-4-8058-8714-1

定価はカバーに表示してあります。
落丁本・乱丁本はお取り替えいたします。

本書の内容に関するご質問については、下記URLから「お問い合わせフォーム」にご入力いただきますようお願いいたします。
https://www.chuohoki.co.jp/contact/